# Webber
## Spanish Articulation
## Picture Word Book

# Written by Melanie Frederick, M.S., CCC-SLP
## Illustrated by Mark Bristol and Bruce Ink

www.superduperinc.com
1-800-277-8737

ISBN 978-1-58650-612-4

# Introduction

*¡Practicando los sonidos es MUY DIVERTIDO!* Practicing sounds is lots of fun! With *Webber® Spanish Articulation Picture Word Book*, you can teach your students how to articulate 18 different sounds including: B, D, CH, F, G, K, M, N, ñ, P, S, T, Y, rr, R, R Blends, L, and L Blends. Students have the opportunity to improve their production of speech sounds in monosyllabic and multisyllabic words. This 260-page reproducible book is perfect for children who need extra practice working on sounds at the word level. Each page gives you nine wonderful illustrations and a set of ten boxes below each picture that make it easy to record data. The CD-ROM also makes it a snap to print activity pages to use in the classroom or send home for extra practice!

All words are uniquely divided into Prevocalic at the beginning of words (Initial) and within words (Medial), as well as Postvocalic (Final) contexts. For example, for the / s / sound, you will find it prevocalic at the beginning of words (*sal*), prevocalic within words (*casa),* postvocalic within words (*destornillador*), and postvocalic at the end of words (*tres).* There are three levels of difficulty: one/two syllable words, three syllable words, and four or more syllable words. At the end of each sound section, there are entertaining cut-and-paste activities that provide additional opportunities for take-home practice! Directions for these activities are in Spanish and English to accommodate bilingual family members at home.

In addition to improving speech sound production, children with apraxia of speech will also improve their articulation skills through words of increasing syllable length. *Webber® Spanish Articulation Picture Word Book* is ideal for working on phonological process disorders and improving Spanish/English vocabulary! All pictures contain the Spanish label, as well as the English translation. Children will be able to label objects, increase receptive and expressive vocabulary, work on categorization, and increase speech intelligibility… all at the same time!

BK-328 Webber® Spanish Articulation Picture Book • ©2006 Super Duper® Publications • 1-800-277-8737 • www.superduperinc.com

# Table of Contents

# Table of Contents

BK-328 Webber® Spanish Articulation Picture Book • ©2006 Super Duper® Publications • 1-800-277-8737 • www.superduperinc.com

# Table of Contents

# Carta a los Padres de Familia/Parent Letter

Estimado Padres:

   Su hijo/a está trabajando con el sonido _____ en palabras. Ustedes pueden ayudar a su hijo/a a aprender estos nuevos sonidos por medio de prácticas diarias. Favor de ayudar a su hijo/a a practicar el sonido en el papel de actividad y también los dibujos que tienen el sonido indicado. Mientras su hijo/a dice las palabras con el sonido indicado, escuchen cuidadosamente para asegurarse que él/ella pronuncie el sonido correctamente. Si escuchan un error, hagan que su hijo/a repita el sonido y/o la palabra otra vez, usando el sonido correcto.

   Muchas gracias por su ayuda. La práctica en casa ayudará a su hijo/a a aprender nuevos sonidos más rápidamente. Favor de regresar el papel de practica el

_____.
      (fecha)

Sinceramente,

_____
Terapeuta del Habla y Lenguaje                              fecha

- - - - - - - - - - - - - - - - - - - - - - - - - - - - - - - - - - - - - - - -

Dear Parent:

   Your child is working on the _____ sound in words. You can help your child learn this sound by providing time for daily practice. Read the directions at the top of the activity sheet. Ask your child to say or imitate each word. Listen carefully to make sure your child produces the sound correctly. If he/she pronounces the sound incorrectly, have your child say the word again using the correct sound.

   Thank you for your help. Practicing at home will help your child learn new sounds quickly. Please return your child's activity sheet on _____.
                                                               (date)

Sincerely,

_____
Speech-Language Pathologist                              date

BK-328 Webber® Spanish Articulation Picture Book • ©2006 Super Duper® Publications • 1-800-277-8737 • www.superduperinc.com

# ¡Qué Magnífico!

_____ hizo un buen
**(Nombre del estudiante)**

trabajo con la articulación del

sonido _____.
**(sonido)**

_____          _____

**Terapeuta del Habla y Lenguaje**                **Fecha**

# Excellent!

This is a certificate for _____
(name of student)

his/her great practice with

the _____ sound.
(sound)

_____
Date

_____
Speech-Language Therapist

BK-328 Webber® Spanish Articulation Picture Book • ©2006 Super Duper® Publications • 1-800-277-8737 • www.superduperinc.com

# Ch

## Chimpancé

# Ch Sound - Prevocalic (Initial)
## 1-2 Syllable Words

**chal**
(shawl)

**champú**
(shampoo)

**chófer**
(chauffeur)

**cheque**
(check)

**chicle**
(chewing gum)

**charco**
(puddle)

**chiste**
(joke)

**charlar**
(to chat, talk)

**chica**
(girl)

Nombre/Name          Fecha/Date          Firma del Ayudante/Helper's Signature

# Ch Sound - Prevocalic (Medial)
## 2 Syllable Words

**Instrucciones/Instructions:** _____

**plancha**
(iron)

**ducha**
(shower)

**colchón**
(mattress)

**brocha**
(paintbrush)

**poncho**
(poncho)

**coche**
(car)

**marchar**
(to march)

**leche**
(milk)

**techo**
(roof)

Nombre/Name

Fecha/Date

Firma del Ayudante/Helper's Signature

# Ch Sound - Prevocalic (Initial)
## 3 Syllable Words

Instrucciones/Instructions:_____

**charlando**
(chatting)

**chimpancé**
(chimpanzee)

**chaleco**
(vest)

**chichota**
(chick pea)

**chaqueta**
(jacket)

**chalana**
(barge)

**chalote**
(shallot)

**chequera**
(checkbook)

**chihuahua**
(chihuahua dog)

Nombre/Name                Fecha/Date                Firma del Ayudante/Helper's Signature

Ch Sound

BK-328 Webber® Spanish Articulation Picture Book • ©2006 Super Duper® Publications • 1-800-277-8737 • www.superduperinc.com

# Ch Sound - Prevocalic (Medial)
## 3 Syllable Words

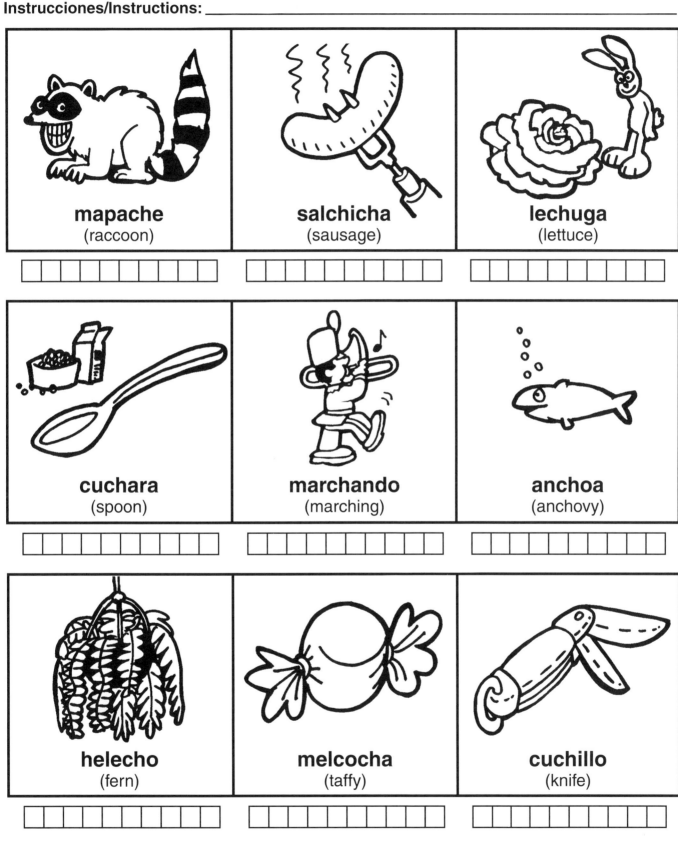

**mapache**
(raccoon)

**salchicha**
(sausage)

**lechuga**
(lettuce)

**cuchara**
(spoon)

**marchando**
(marching)

**anchoa**
(anchovy)

**helecho**
(fern)

**melcocha**
(taffy)

**cuchillo**
(knife)

Nombre/Name          Fecha/Date          Firma del Ayudante/Helper's Signature

# Ch Sound - Prevocalic (Initial)
## 4⁺ Syllable Words

**chacotear**
(to joke)

**chapalear**
(to splash)

**chocolate**
(chocolate)

**chiquitina**
(teeny, tiny)

**chiripero**
(lucky person)

**chispeante**
(sparkling)

**chocolatero**
(chocolate maker)

**chorreado**
(striped animal)

**chubasquero**
(raincoat)

Nombre/Name          Fecha/Date          Firma del Ayudante/Helper's Signature

BK-328 Webber® Spanish Articulation Picture Book • ©2006 Super Duper® Publications • 1-800-277-8737 • www.superduperinc.com

**Instrucciones/Instructions:**_____

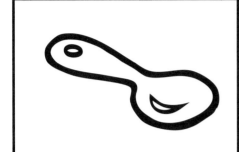

**cucharilla**
(teaspoon)

**cuchichear**
(to whisper)

**enchancletar**
(to put on slippers)

**ochocientos**
(eight hundred)

**escabechar**
(to pickle, marinate)

**escarchado**
(frosted, frosty)

**escuchando**
(listening)

**lavacoches**
(car washer)

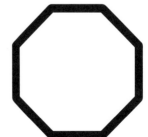

**ochavado**
(octagonal, eight-sided)

_____  _____  _____

Nombre/Name  Fecha/Date  Firma del Ayudante/Helper's Signature

# Las Chaquetas
## (The Jackets)

**Instrucciones:** Coloree y corte las chaquetas. El estudiante necesita decir _____ antes de pegarle las chaquetas a las personas.

(Instructions: Color and cut out the jackets. Have the child say _____ before gluing the jackets to the people.)

_____
Nombre/Name                    Fecha/Date

_____
Firma del Ayudante/Helper's Signature

**Ch Sound**    BK-328 Webber® Spanish Articulation Picture Book • ©2006 Super Duper® Publications • 1-800-277-8737 • www.superduperinc.com

# Las Brochas
## (The Paintbrushes)

**Instrucciones:** Coloree y corte las brochas. El estudiante necesita decir_____ antes de pegarle las brochas a los jarros de pintura.

(Instructions: Color and cut out the paintbrushes. Have the child say _____ before gluing the paintbrushes to the jars of paint.)

_____     _____
Nombre/Name                Fecha/Date             Firma del Ayudante/Helper's Signature

PINTURA

PINTURA

PINTURA

PINTURA

PINTURA

PINTURA

PINTURA

PINTURA

PINTURA

PINTURA

# La Lechuga
## (The Lettuce)

**Instrucciones:** Coloree y corte la lechuga.  El estudiante necesita decir _____ antes de pegar la lechuga en el jardín.

(Instructions: Color and cut out the lettuce.  Have the child say _____ before gluing the heads of lettuce in the garden.)

_____        _____
Nombre/Name                    Fecha/Date              Firma del Ayudante/Helper's Signature

**Ch Sound**

BK-328 Webber® Spanish Articulation Picture Book  •  ©2006 Super Duper® Publications  •  1-800-277-8737  •  www.superduperinc.com

# F

## El Faro

# F Sound - Prevocalic (Initial)
## 2 Syllable Words

**fiesta**
(party)

**fuego**
(fire)

**foca**
(seal)

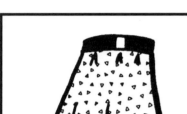

**falda**
(skirt)

**faisán**
(pheasant)

**faro**
(lighthouse)

**formas**
(shapes)

**foto**
(picture)

**firma**
(signature)

Nombre/Name          Fecha/Date          Firma del Ayudante/Helper's Signature

BK-328 Webber® Spanish Articulation Picture Book • ©2006 Super Duper® Publications • 1-800-277-8737 • www.superduperinc.com

# F Sound - Prevocalic (Medial)
## 2 Syllable Words

**Instrucciones/Instructions:**

**sofá**
(sofa)

**gafas**
(glasses)

**afín**
(nearby)

¡Buen Trabajo!

**jefe**
(boss)

**café**
(coffee)

**bufón**
(jester)

**cofia**
(cap)

**rifa**
(raffle)

**rufo**
(blonde)

Nombre/Name

Fecha/Date

Firma del Ayudante/Helper's Signature

# F Sound - Prevocalic (Initial)
## 3 Syllable Words

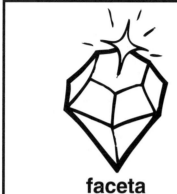

**faceta**
(facet, surface of a jewel)

**facultad**
(faculty-school)

**familia**
(family)

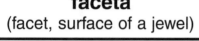

**famosa**
(famous)

**fantasma**
(ghost)

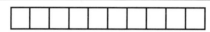
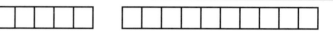

**festival**
(festival)

**filmación**
(filming)

**fortuna**
(fortune)

**follaje**
(foliage)

Nombre/Name            Fecha/Date            Firma del Ayudante/Helper's Signature

# F Sound - Prevocalic (Medial)
## 3 Syllable Words

**Instrucciones/Instructions:**

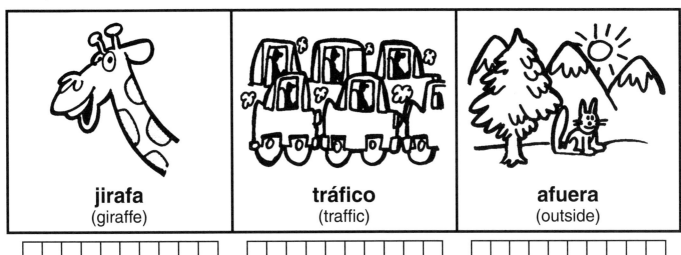

**jirafa**
(giraffe)

**tráfico**
(traffic)

**afuera**
(outside)

**bufanda**
(scarf)

**estufa**
(stove)

**búfalo**
(buffalo)

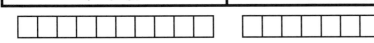

**trofeo**
(trophy)

**difícil**
(difficult)

**gráfico**
(graph, chart)

Nombre/Name

Fecha/Date

Firma del Ayudante/Helper's Signature

**Instrucciones/Instructions:** _____

**facsímile**
(fax, facsimile)

**fanático**
(enthusiast, fan)

**ferrocarril**
(railroad)

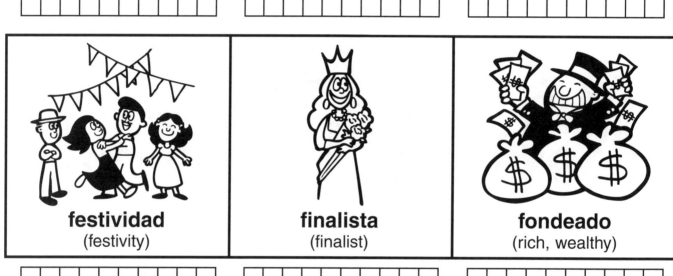

**festividad**
(festivity)

**finalista**
(finalist)

**fondeado**
(rich, wealthy)

**fontanero**
(plumber)

**fortaleza**
(fortress, stronghold)

**fabricante**
(manufacturer)

Nombre/Name                Fecha/Date                Firma del Ayudante/Helper's Signature

BK-328 Webber® Spanish Articulation Picture Book • ©2006 Super Duper® Publications • 1-800-277-8737 • www.superduperinc.com

# F Sound - Prevocalic (Medial)
## 4⁺ Syllable Words

**instrucciones/Instructions:** _____

**oficina**
(office)

**elefante**
(elephant)

**teléfono**
(telephone)

**afeitándose**
(shaving)

**caligrafía**
(penmanship)

**fotografía**
(picture)

**cafetería**
(cafeteria)

**confidente**
(confidant)

**esférico**
(spherical)

Nombre/Name _____  Fecha/Date _____  Firma del Ayudante/Helper's Signature

# Los Faros
## (The Lighthouses)

**Instrucciones:** Coloree y corte los faros. El estudiante necesita decir _____ antes de pegarle los faros a la costa.

(Instructions: Color and cut out the lighthouses. Have the child say _____ before gluing the lighthouses to the beachline.)

_____          _____
Nombre/Name          Fecha/Date                    Firma del Ayudante/Helper's Signature

**F Sound**          BK-328 Webber® Spanish Articulation Picture Book • ©2006 Super Duper® Publications • 1-800-277-8737 • www.superduperinc.com

# Las Gafas
## (The Glasses)

**Instrucciones:** Coloree y corte las gafas. El estudiante necesita decir _____
antes de pegarle las gafas a los estudiantes.

(Instructions: Color and cut out the glasses. Have the child say _____ before gluing the
glasses to the students.)

_____          _____
Nombre/Name              Fecha/Date              Firma del Ayudante/Helper's Signature

# Las Fotografías
## (The Photographs)

**Instrucciones:** Coloree y corte las fotografías. El estudiante necesita decir _____ antes de pegar las fotografías en los marcos.

(Instructions: Color and cut out the photographs. Have the child say _____ before gluing the photographs in the frames.)

_____     _____
Nombre/Name          Fecha/Date          Firma del Ayudante/Helper's Signature

BK-328 Webber® Spanish Articulation Picture Book • ©2006 Super Duper® Publications • 1-800-277-8737 • www.superduperinc.com

# H

## Las Joyas

# H Sound - Prevocalic (Initial)
## 2 Syllable Words

**jabón**
(soap)

**jefe**
(boss)

**juntos**
(together)

**jovial**
(jovial)

**juego**
(game)

**jarra**
(jug)

**joyas**
(jewels)

**jugo**
(juice)

**jaula**
(cage)

Nombre/Name _____ Fecha/Date _____ Firma del Ayudante/Helper's Signature

# H Sound - Prevocalic (Medial)
## 2 Syllable Words

**Instrucciones/Instructions:** _____

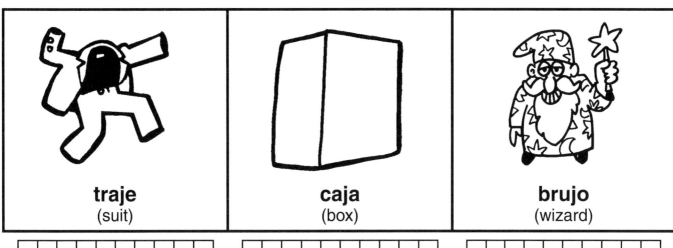

| **traje** (suit) | **caja** (box) | **brujo** (wizard) |

| **bajo** (short) | **cajón** (chest) | **brujas** (witches) |

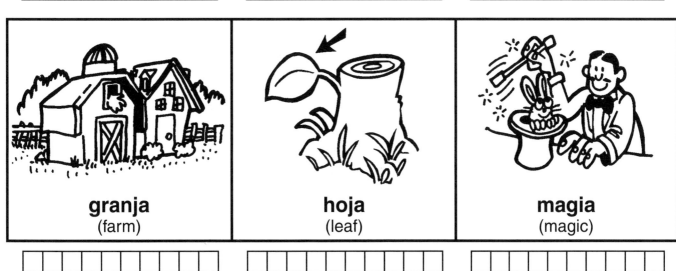

| **granja** (farm) | **hoja** (leaf) | **magia** (magic) |

Nombre/Name          Fecha/Date          Firma del Ayudante/Helper's Signature

# H Sound - Prevocalic (Medial)
## 3 Syllable Words

**tejado**
(roof)

**conejo**
(rabbit)

**pájaro**
(bird)

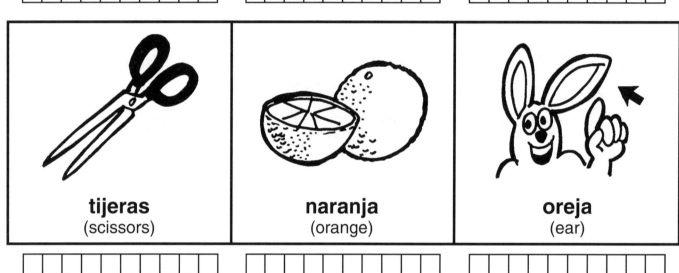

**tijeras**
(scissors)

**naranja**
(orange)

**oreja**
(ear)

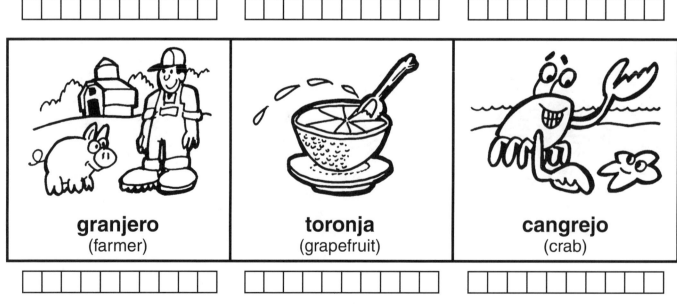

**granjero**
(farmer)

**toronja**
(grapefruit)

**cangrejo**
(crab)

Nombre/Name                    Fecha/Date                    Firma del Ayudante/Helper's Signature

BK-328 Webber® Spanish Articulation Picture Book • ©2006 Super Duper® Publications • 1-800-277-8737 • www.superduperinc.com

**Instrucciones/Instructions:** _____

**mensaje**
(message)

**ajedrez**
(chess)

**encaje**
(lace)

**almeja**
(clam)

**oveja**
(sheep)

**cajera**
(cashier)

**empujar**
(push)

**dibujar**
(sketch)

**abajo**
(beneath)

Nombre/Name          Fecha/Date          Firma del Ayudante/Helper's Signature

# H Sound - Prevocalic (Initial)
## 4 Syllable Words

**Instrucciones/Instructions:** _____

**jacarero**
(merry)

▯▯▯▯▯▯▯▯

**jabonado**
(soaping)

▯▯▯▯▯▯▯▯

**jabonera**
(soap dish)

▯▯▯▯▯▯▯▯

**jalapeño**
(jalapeño)

▯▯▯▯▯▯▯▯

**jardinera**
(gardener)

▯▯▯▯▯▯▯▯

**jovialidad**
(merriment)

▯▯▯▯▯▯▯▯

**jubilación**
(retirement)

▯▯▯▯▯▯▯▯

**juguetería**
(toy store)

▯▯▯▯▯▯▯▯

**juntamente**
(together)

▯▯▯▯▯▯▯▯

Nombre/Name _____ Fecha/Date _____ Firma del Ayudante/Helper's Signature _____

# H Sound - Prevocalic (Medial)
## 4 Syllable Words

**Instrucciones/Instructions:** _____

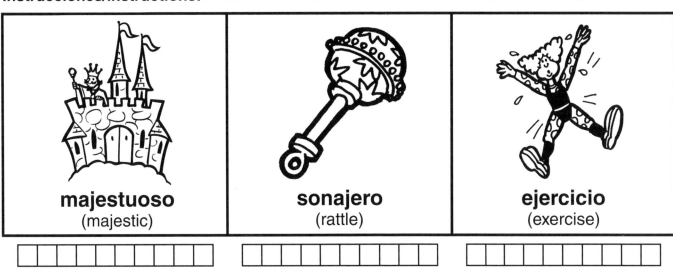

**majestuoso**
(majestic)

**sonajero**
(rattle)

**ejercicio**
(exercise)

**mensajero**
(messenger)

**pasajero**
(passenger)

**pajarera**
(large birdcage)

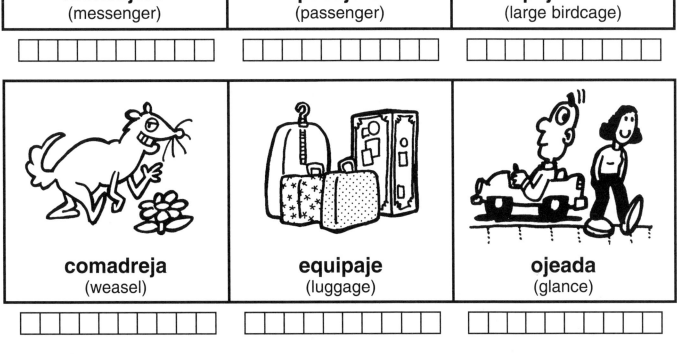

**comadreja**
(weasel)

**equipaje**
(luggage)

**ojeada**
(glance)

Nombre/Name _____ Fecha/Date _____ Firma del Ayudante/Helper's Signature

# Las Hojas
## (The Leaves)

**Instrucciones:** Coloree y corte las hojas. El estudiante necesita decir _____ antes de pegarle las hojas al árbol.

(Instructions: Color and cut out the leaves. Have the child say _____ before gluing the leaves to the tree.)

_____        _____

Nombre/Name          Fecha/Date          Firma del Ayudante/Helper's Signature

**H Sound**    BK-328 Webber® Spanish Articulation Picture Book  •  ©2006 Super Duper® Publications  •  1-800-277-8737  •  www.superduperinc.com

# Las Orejas
## (The Ears)

**Instrucciones:** Coloree y corte las orejas.  El estudiante necesita decir _____
antes de pegarle las orejas a los conejos.

(Instructions: Color and cut out the ears.  Have the child say _____ before gluing the
 ears on the rabbits.)

_____          _____
Nombre/Name                          Fecha/Date                    Firma del Ayudante/Helper's Signature

# Las Ovejas
## (The Sheep)

**Instrucciones:** Coloree y corte las ovejas. El estudiante necesita decir _____ antes de pegar las ovejas en el campo.

(Instructions: Color and cut out the sheep. Have the child say _____ before gluing the sheep in the field.)

_____        _____
Nombre/Name            Fecha/Date        Firma del Ayudante/Helper's Signature

**H Sound**                    BK-328 Webber® Spanish Articulation Picture Book  •  ©2006 Super Duper® Publications  •  1-800-277-8737 • www.superduperinc.com

# Y

**La Playa**

# Y Sound - Prevocalic (Medial)
## 2 Syllable Words

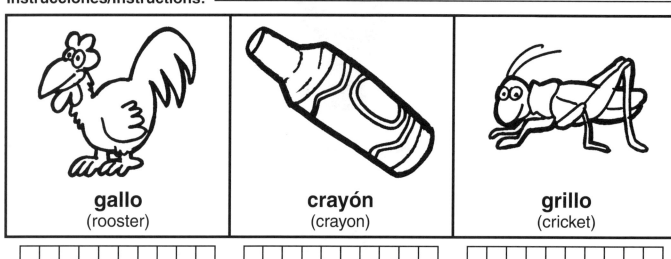

**gallo**
(rooster)

**crayón**
(crayon)

**grillo**
(cricket)

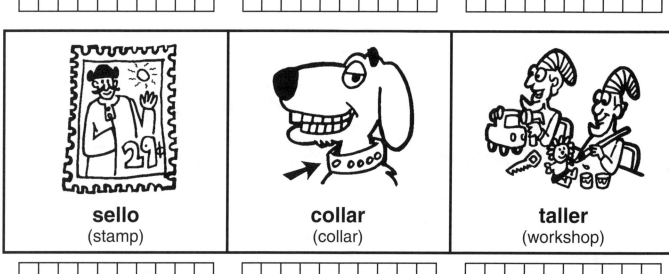

**sello**
(stamp)

**collar**
(collar)

**taller**
(workshop)

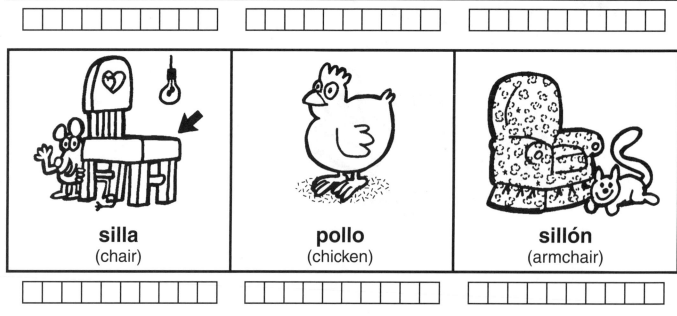

**silla**
(chair)

**pollo**
(chicken)

**sillón**
(armchair)

Nombre/Name          Fecha/Date          Firma del Ayudante/Helper's Signature

# Y Sound - Prevocalic (Medial)
## 2 Syllable Words

**Instrucciones/Instructions:** _____

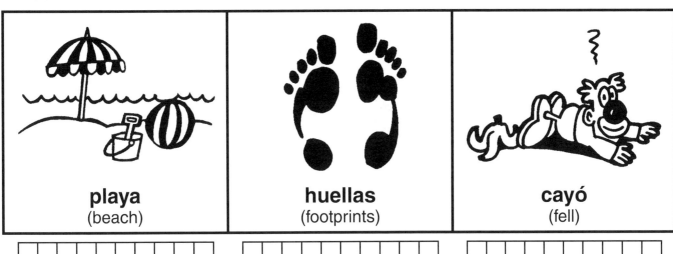

**playa**
(beach)

**huellas**
(footprints)

**cayó**
(fell)

**valle**
(valley)

**bayas**
(berries)

**joyas**
(jewels)

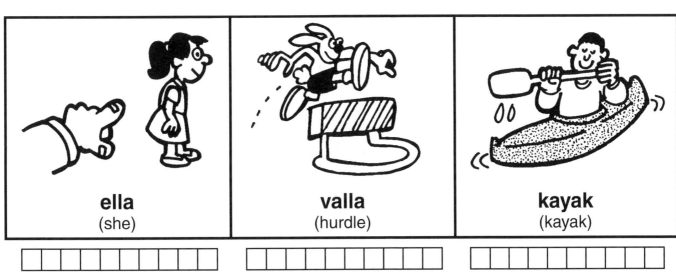

**ella**
(she)

**valla**
(hurdle)

**kayak**
(kayak)

Nombre/Name  Fecha/Date  Firma del Ayudante/Helper's Signature

# Y Sound - Prevocalic (Medial)
## 3 Syllable Words

**Instrucciones/Instructions:** _____

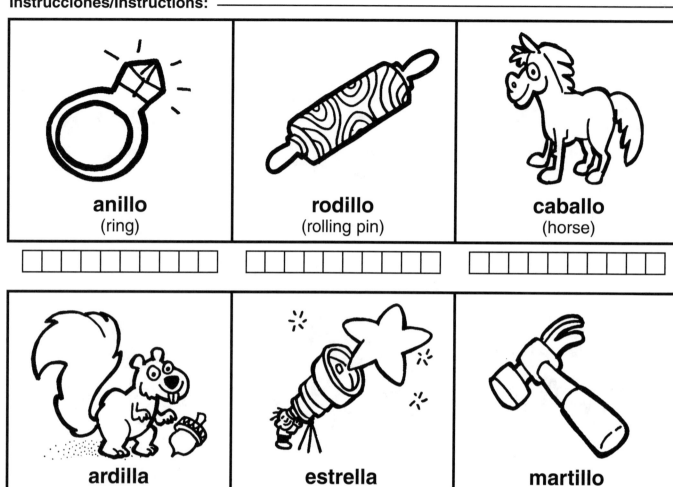

**anillo**
(ring)

**rodillo**
(rolling pin)

**caballo**
(horse)

**ardilla**
(squirrel)

**estrella**
(star)

**martillo**
(hammer)

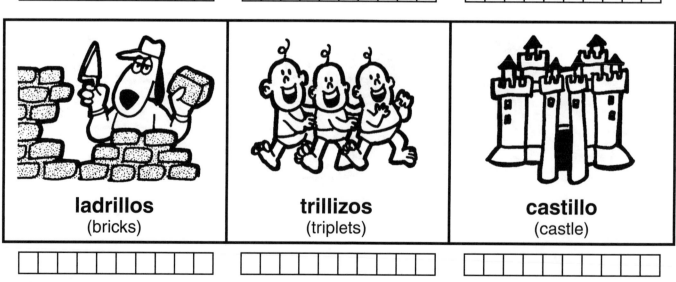

**ladrillos**
(bricks)

**trillizos**
(triplets)

**castillo**
(castle)

Nombre/Name     Fecha/Date     Firma del Ayudante/Helper's Signature

BK-328 Webber® Spanish Articulation Picture Book • ©2006 Super Duper® Publications • 1-800-277-8737 • www.superduperinc.com

# Y Sound - Prevocalic (Medial)
## 3 Syllable Words

Instrucciones/Instructions: _____

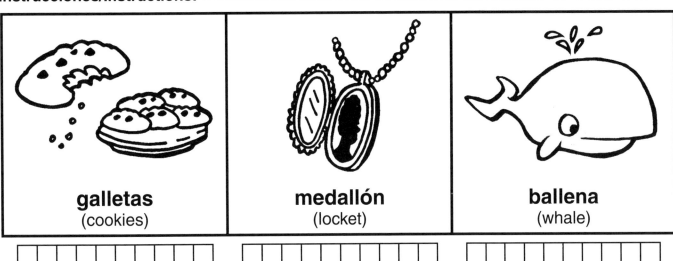

**galletas**
(cookies)

**medallón**
(locket)

**ballena**
(whale)

**camello**
(camel)

**toalla**
(towel)

**payaso**
(clown)

**traílla**
(leash)

**pollito**
(chick)

**palillos**
(chopsticks)

Nombre/Name _____  Fecha/Date _____  Firma del Ayudante/Helper's Signature

BK-328 Webber® Spanish Articulation Picture Book  •  ©2006 Super Duper® Publications  •  1-800-277-8737  •  www.superduperinc.com

# Y Sound - Prevocalic (Medial)
## 3 Syllable Words

Instrucciones/Instructions: _____

**camilla**
(stretcher)

**rayuela**
(hopscotch)

**pestillo**
(door latch)

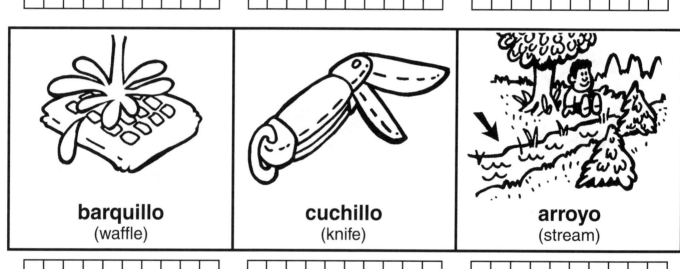

**barquillo**
(waffle)

**cuchillo**
(knife)

**arroyo**
(stream)

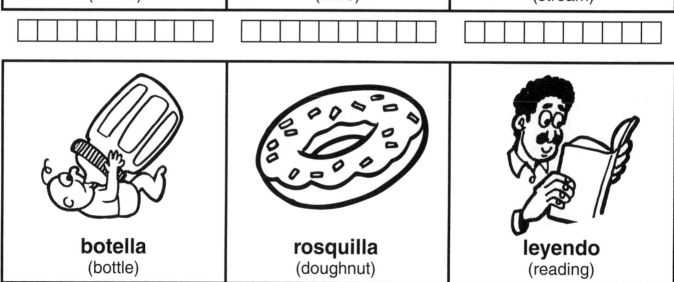

**botella**
(bottle)

**rosquilla**
(doughnut)

**leyendo**
(reading)

Nombre/Name _____ Fecha/Date _____ Firma del Ayudante/Helper's Signature

BK-328 Webber® Spanish Articulation Picture Book • ©2006 Super Duper® Publications • 1-800-277-8737 • www.superduperinc.com

# Y Sound - Prevocalic (Initial)
## 4 Syllable Words

**Instrucciones/Instructions:** _____

**llamamiento**
(calling)

| | | | | | | | |
|---|---|---|---|---|---|---|---|

**llamarada**
(blaze)

| | | | | | | | |
|---|---|---|---|---|---|---|---|

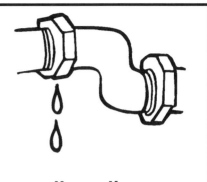

**llovediza**
(leaking, leaky)

| | | | | | | | |
|---|---|---|---|---|---|---|---|

**llamadora**
(female caller)

| | | | | | | | |
|---|---|---|---|---|---|---|---|

**lloramico**
(crying)

| | | | | | | | |
|---|---|---|---|---|---|---|---|

**llevadera**
(carrier)

| | | | | | | | |
|---|---|---|---|---|---|---|---|

**lloviznoso**
(drizzly, damp)

| | | | | | | | |
|---|---|---|---|---|---|---|---|

**lloriqueo**
(whining)

| | | | | | | | |
|---|---|---|---|---|---|---|---|

**lloviznando**
(drizzling)

| | | | | | | | |
|---|---|---|---|---|---|---|---|

Nombre/Name          Fecha/Date          Firma del Ayudante/Helper's Signature

# Y Sound - Prevocalic (Medial)
## 4 Syllable Words

**Instrucciones/Instructions:** _____

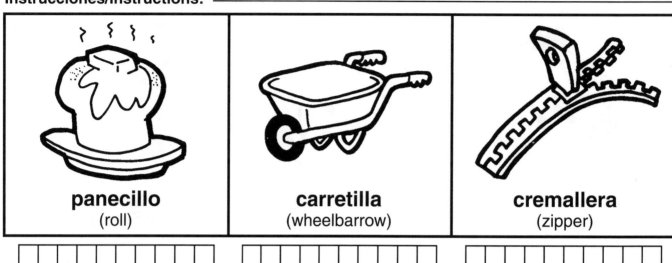

**panecillo**
(roll)

**carretilla**
(wheelbarrow)

**cremallera**
(zipper)

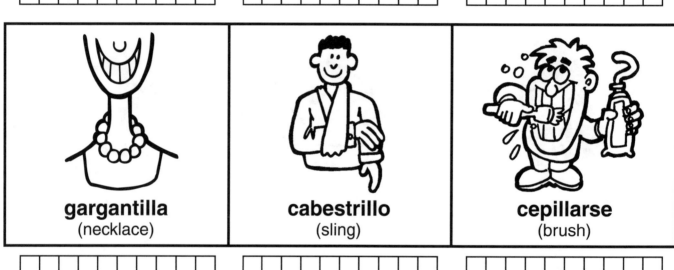

**gargantilla**
(necklace)

**cabestrillo**
(sling)

**cepillarse**
(brush)

**cosquilloso**
(ticklish)

**empollando**
(hatching)

**papagayo**
(parrot)

Nombre/Name      Fecha/Date      Firma del Ayudante/Helper's Signature

BK-328 Webber® Spanish Articulation Picture Book • ©2006 Super Duper® Publications • 1-800-277-8737 • www.superduperinc.com

# Los Camellos
## (The Camels)

**Instrucciones:** Coloree y corte los camellos.  El estudiante necesita decir_____
antes de pegar los camellos en el desierto.

(Instructions: Color and cut out the camels.  Have the child say _____ before gluing the
 camels in the desert.)

_____    _____
Nombre/Name                          Fecha/Date          Firma del Ayudante/Helper's Signature

# Las Sillas
## (The Chairs)

**Instrucciones:** Coloree y corte las sillas. El estudiante necesita decir _____ antes de pegarle las sillas a la mesa.

(Instructions: Color and cut out the chairs. Have the child say _____ before gluing the chairs at the table.)

_____          _____
Nombre/Name                    Fecha/Date          Firma del Ayudante/Helper's Signature

**Y Sound**

BK-328 Webber® Spanish Articulation Picture Book  •  ©2006 Super Duper® Publications  •  1-800-277-8737  •  www.superduperinc.com

# S

## La Sirena

# S Sound - Prevocalic (Initial)
## 1-2 Syllable Words

Instrucciones/Instructions: _____

**sal**
(salt)

**sol**
(sun)

**sí**
(yes)

**sur**
(south)

**cinta**
(ribbon)

**cero**
(zero)

**silla**
(chair)

**ciervo**
(deer)

**suéter**
(sweater)

Nombre/Name

Fecha/Date

Firma del Ayudante/Helper's Signature

BK-328 Webber® Spanish Articulation Picture Book • ©2006 Super Duper® Publications • 1-800-277-8737 • www.superduperinc.com

# S Sound - Prevocalic (Initial)
## 2 Syllable Words

**Instrucciones/Instructions:** _____

**sueño**
(dream)

**sartén**
(frying pan)

**ceño**
(frown)

**sierra**
(saw)

**signo**
(signal)

**sopa**
(soup)

**siete**
(seven)

**sofá**
(sofa)

**silbar**
(whistle)

Nombre/Name          Fecha/Date          Firma del Ayudante/Helper's Signature

# S Sound - Prevocalic (Initial)
## 2 Syllable Words

| cerca | sueco | sello |
| (fence) | (Swedish) | (stamp) |

| zumo | cisne | Zorro |
| (juice) | (swan) | (Zorro) |

| cerdo | césped | sala |
| (pig) | (lawn) | (living room) |

# S Sound - Prevocalic (Initial)
## 2 Syllable Words

**Instrucciones/Instructions:** _____

**suelo**
(ground)

**subir**
(to climb)

**sombra**
(shadow)

**sillón**
(armchair)

**zanja**
(ditch)

**senda**
(path)

**cinco**
(five)

**sobre**
(envelope)

**sapo**
(toad)

Nombre/Name            Fecha/Date            Firma del Ayudante/Helper's Signature

# S Sound - Prevocalic (Medial)
## 2 Syllable Words

**Instrucciones/Instructions:** _____

**balsa**
(raft)

**rosa**
(rose)

**pasas**
(raisins)

**brazo**
(arm)

**oso**
(bear)

**piso**
(floor)

**precio**
(price)

**coser**
(sew)

**lazo**
(lasso)

Nombre/Name          Fecha/Date          Firma del Ayudante/Helper's Signature

**S Sound**

BK-328 Webber® Spanish Articulation Picture Book • ©2006 Super Duper® Publications • 1-800-277-8737 • www.superduperinc.com

# S Sound - Prevocalic (Medial)
## 2 Syllable Words

**Instrucciones/Instructions:** _____

**blusa**
(blouse)

**clase**
(class)

**casa**
(house)

**besar**
(kiss)

**faisán**
(pheasant)

**loción**
(lotion)

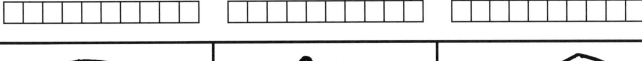

**vaso**
(glass)

**rosal**
(rosebush)

**queso**
(cheese)

Nombre/Name          Fecha/Date          Firma del Ayudante/Helper's Signature

# S Sound - Prevocalic (Initial)
## 3 Syllable Words

**Instrucciones/Instructions:** _____

**sentarse**
(to sit)

**círculo**
(circle)

**sandalia**
(sandal)

**sonrisa**
(smile)

**serpiente**
(snake)

**cigüeña**
(stork)

**salida**
(exit)

**sonriendo**
(smiling)

**servicio**
(toilet)

Nombre/Name                Fecha/Date                Firma del Ayudante/Helper's Signature

BK-328 Webber® Spanish Articulation Picture Book  •  ©2006 Super Duper® Publications  •  1-800-277-8737  •  www.superduperinc.com

# S Sound - Prevocalic (Initial)
## 3 Syllable Words

**Instrucciones/Instructions:** _____

**cerrado**
(shut)

**sediento**
(thirsty)

**cervato**
(fawn)

**setenta**
(seventy)

**sombrero**
(hat)

**señora**
(lady)

**sirena**
(mermaid)

**saltando**
(jumping)

**cebolla**
(onion)

Nombre/Name                    Fecha/Date                    Firma del Ayudante/Helper's Signature

# S Sound - Prevocalic (Medial)
## 3 Syllable Words

**raíces**
(roots)

**alcanzar**
(reach)

**camisa**
(shirt)

**gusano**
(worm)

**parasol**
(parasol)

**azúcar**
(sugar)

**princesa**
(princess)

**basura**
(trash)

**trillizos**
(triplets)

Nombre/Name          Fecha/Date          Firma del Ayudante/Helper's Signature

# S Sound - Prevocalic (Medial)
## 3 Syllable Words

**Instrucciones/Instructions:** _____

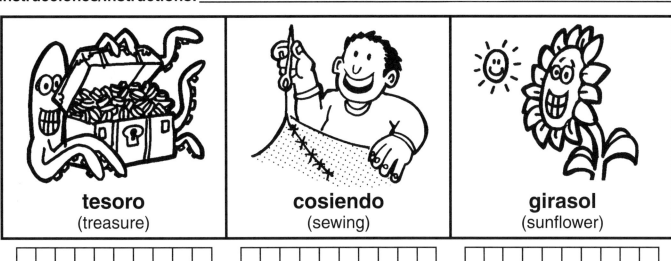

**tesoro**
(treasure)

**cosiendo**
(sewing)

**girasol**
(sunflower)

**receta**
(recipe)

**besando**
(kissing)

**nosotros**
(us)

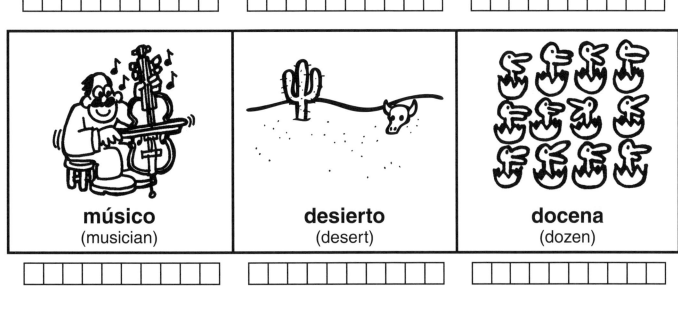

**músico**
(musician)

**desierto**
(desert)

**docena**
(dozen)

Nombre/Name          Fecha/Date          Firma del Ayudante/Helper's Signature

# S Sound - Prevocalic (Medial)
## 3 Syllable Words

Instrucciones/Instructions: _____

**gacela**
(gazelle)

**música**
(music)

**ruidoso**
(noisy)

**almuerzo**
(lunch)

**payaso**
(clown)

**deseo**
(wish)

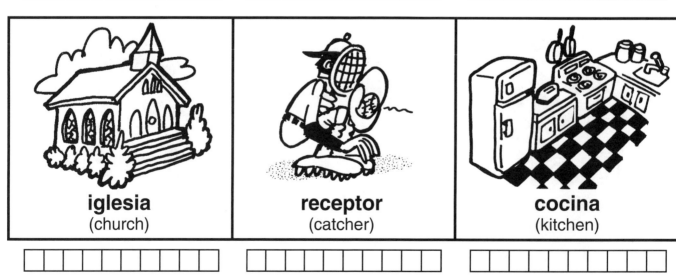

**iglesia**
(church)

**receptor**
(catcher)

**cocina**
(kitchen)

Nombre/Name _____   Fecha/Date _____   Firma del Ayudante/Helper's Signature

**S Sound**   BK-328 Webber® Spanish Articulation Picture Book • ©2006 Super Duper® Publications • 1-800-277-8737 • www.superduperinc.com

# S Sound - Prevocalic (Medial)
## 3 Syllable Words

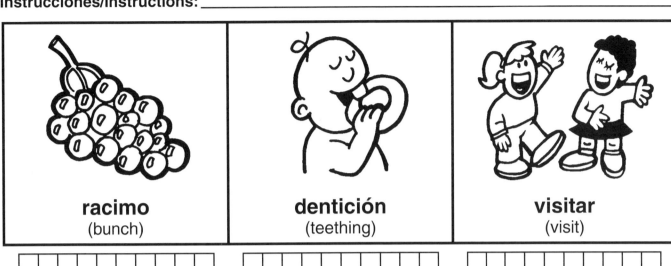

**racimo**
(bunch)

**dentición**
(teething)

**visitar**
(visit)

**terraza**
(veranda)

**pesado**
(heavy)

**tocino**
(bacon)

**vacación**
(vacation)

**abrazar**
(to hug)

**cabeza**
(head)

Nombre/Name

Fecha/Date

Firma del Ayudante/Helper's Signature

# S Sound - Prevocalic (Initial)
## 4 Syllable Words

**Instrucciones/Instructions:** _____

**sonajero**
(rattle)

**zanahorias**
(carrots)

**saltamontes**
(grasshopper)

**celebración**
(celebration)

**submarino**
(submarine)

**zoólogo**
(zoologist)

¡Ayúdame! —

**salvavidas**
(lifeguard)

**zarzamoras**
(blackberries)

**saludable**
(healthy)

Nombre/Name          Fecha/Date          Firma del Ayudante/Helper's Signature

BK-328 Webber® Spanish Articulation Picture Book  •  ©2006 Super Duper® Publications  •  1-800-277-8737  •  www.superduperinc.com

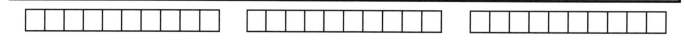

# S Sound - Prevocalic (Medial)
## 4 Syllable Words

**Instrucciones/Instructions:** _____

**panecillo**
(roll)

**policía**
(police)

**ejercicio**
(exercise)

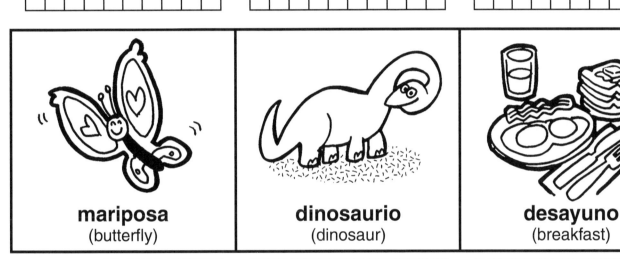
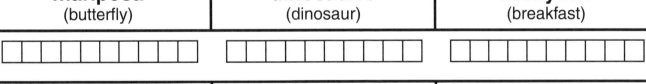

**mariposa**
(butterfly)

**dinosaurio**
(dinosaur)

**desayuno**
(breakfast)

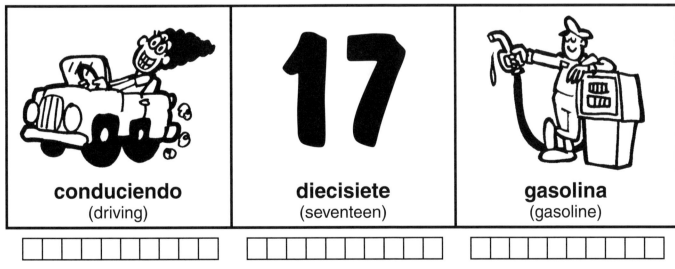

**conduciendo**
(driving)

**diecisiete**
(seventeen)

**gasolina**
(gasoline)

Nombre/Name          Fecha/Date          Firma del Ayudante/Helper's Signature

# S Sound - Prevocalic (Medial)
## 4 Syllable Words

**medicina**
(medicine)

**cacerola**
(casserole)

**pasajero**
(passenger)

**oficina**
(office)

**perezoso**
(sloth)

**calabacín**
(zucchini)

**televisión**
(television)

**alacena**
(closet)

**cortacésped**
(lawn mower)

Nombre/Name _____ Fecha/Date _____ Firma del Ayudante/Helper's Signature

BK-328 Webber® Spanish Articulation Picture Book • ©2006 Super Duper® Publications • 1-800-277-8737 • www.superduperinc.com

# S Sound - Prevocalic (Medial)
## 4⁺ Syllable Words

Instrucciones/Instructions: _____

**baloncesto**
(basketball)

**invitación**
(invitation)

**parabrisas**
(windshield)

**direcciones**
(directions)

**cepillarse**
(to brush)

**calabaza**
(squash)

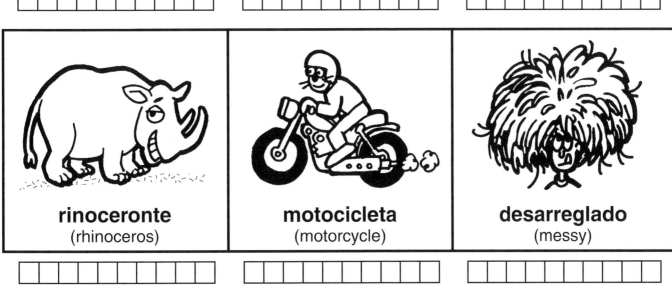

**rinoceronte**
(rhinoceros)

**motocicleta**
(motorcycle)

**desarreglado**
(messy)

Nombre/Name _____    Fecha/Date _____    Firma del Ayudante/Helper's Signature

# S Sound - Postvocalic (Final)
## 1-2 Syllable Words

**Instrucciones/Instructions:** _____

**pez**
(fish)

**tres**
(three)

**mes**
(month)

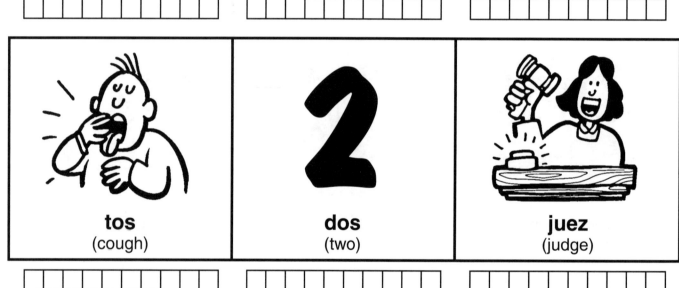

**tos**
(cough)

**dos**
(two)

**juez**
(judge)

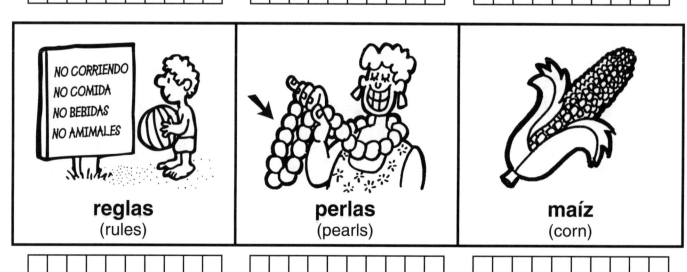

**reglas**
(rules)

**perlas**
(pearls)

**maíz**
(corn)

Nombre/Name          Fecha/Date          Firma del Ayudante/Helper's Signature

BK-328 Webber® Spanish Articulation Picture Book • ©2006 Super Duper® Publications • 1-800-277-8737 • www.superduperinc.com

# S Sound - Postvocalic (Final)
## 2 Syllable Words

**flores**
(flowers)

**pecas**
(freckles)

**uvas**
(grapes)

**gafas**
(glasses)

**lápiz**
(pencil)

**dados**
(dice)

**arroz**
(rice)

**actriz**
(actress)

**termos**
(thermoses)

# S Sound - Postvocalic (Final)
## 2 Syllable Words

**Instrucciones/Instructions:** _____

**desliz**
(slide)

**cisnes**
(swans)

**dedos**
(fingers)

**labios**
(lips)

**bloques**
(blocks)

**guantes**
(gloves)

**formas**
(shapes)

**platos**
(dishes)

**damas**
(checkers)

Nombre/Name          Fecha/Date          Firma del Ayudante/Helper's Signature

BK-328 Webber® Spanish Articulation Picture Book • ©2006 Super Duper® Publications • 1-800-277-8737 • www.superduperinc.com

# S Sound - Postvocalic (Final)
## 3 Syllable Words

Instrucciones/Instructions: _____

**volantes**
(ruffles)

**parientes**
(family)

**raíces**
(roots)

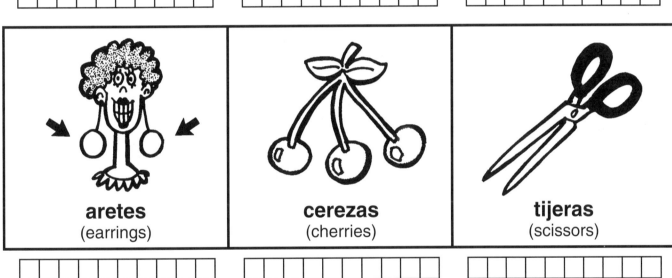

**aretes**
(earrings)

**cerezas**
(cherries)

**tijeras**
(scissors)

**ladrillos**
(bricks)

**amigos**
(friends)

**trillizos**
(triplets)

Nombre/Name          Fecha/Date          Firma del Ayudante/Helper's Signature

# S Sound - Postvocalic (Final)
## 3 Syllable Words

**Instrucciones/Instructions:** _____

**ahorros**
(savings)

**autobús**
(bus)

**ajedrez**
(chess)

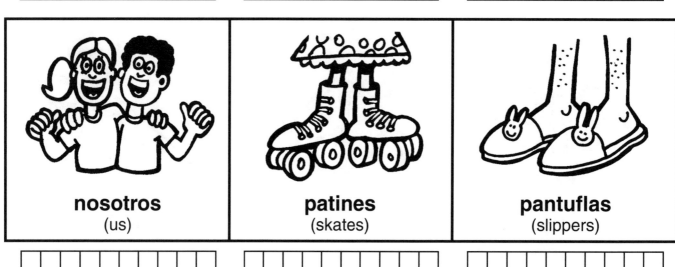

**nosotros**
(us)

**patines**
(skates)

**pantuflas**
(slippers)

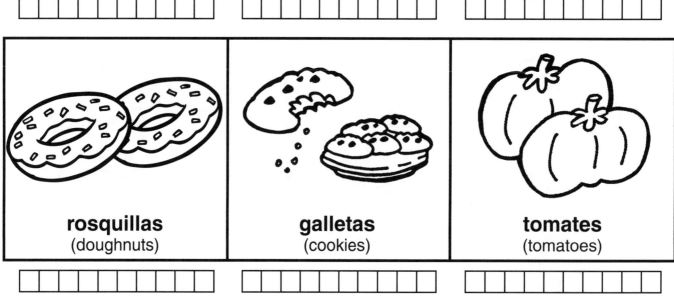

**rosquillas**
(doughnuts)

**galletas**
(cookies)

**tomates**
(tomatoes)

Nombre/Name     Fecha/Date     Firma del Ayudante/Helper's Signature

BK-328 Webber® Spanish Articulation Picture Book • ©2006 Super Duper® Publications • 1-800-277-8737 • www.superduperinc.com

# S Sound - Postvocalic (Final)
## 3 Syllable Words

**Instrucciones/Instructions:** _____

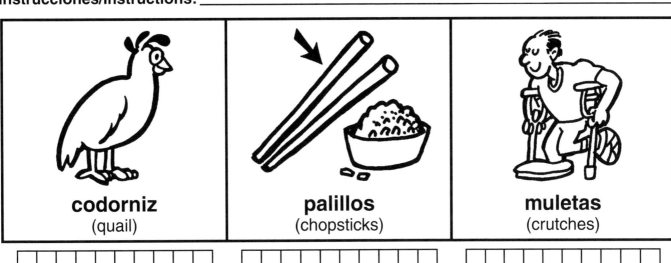

**codorniz**
(quail)

**palillos**
(chopsticks)

**muletas**
(crutches)

**avestruz**
(ostrich)

**hermanos**
(brothers)

**vocales**
(vowels)

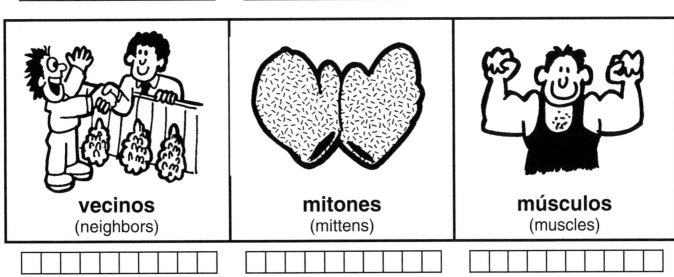

**vecinos**
(neighbors)

**mitones**
(mittens)

**músculos**
(muscles)

Nombre/Name          Fecha/Date          Firma del Ayudante/Helper's Signature

# S Sound - Postvocalic (Medial & Final)
## 4⁺ Syllable Words

**Instrucciones/Instructions:** _____

**zanahorias**
(carrots)

**saltamontes**
(grasshopper)

¡Ayúdame! –

**salvavidas**
(lifeguard)

**cortacésped**
(lawn mower)

**baloncesto**
(basketball)

**zarzamoras**
(blackberries)

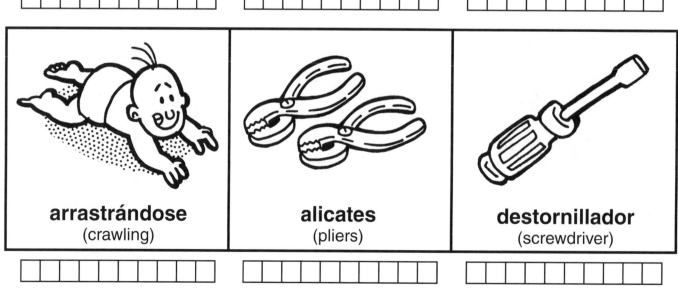

**arrastrándose**
(crawling)

**alicates**
(pliers)

**destornillador**
(screwdriver)

BK-328 Webber® Spanish Articulation Picture Book  •  ©2006 Super Duper® Publications  •  1-800-277-8737  •  www.superduperinc.com

# S Sound - Postvocalic (Final)
## 4<sup>+</sup> Syllable Words

**Instrucciones/Instructions:** _____

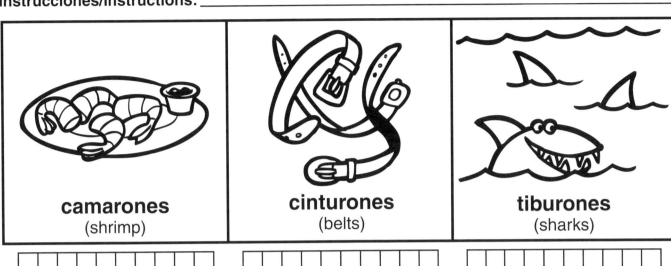

**camarones**
(shrimp)

**cinturones**
(belts)

**tiburones**
(sharks)

**telescopios**
(telescopes)

**visitantes**
(visitors)

**señoritas**
(ladies)

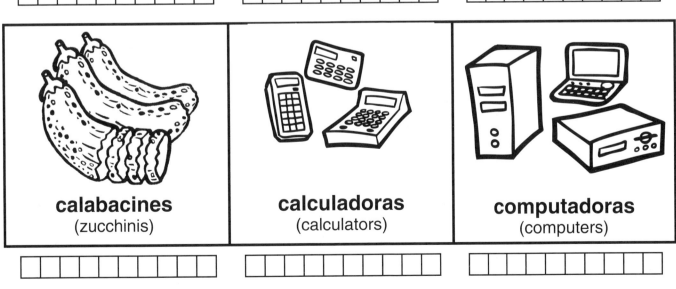

**calabacines**
(zucchinis)

**calculadoras**
(calculators)

**computadoras**
(computers)

Nombre/Name          Fecha/Date          Firma del Ayudante/Helper's Signature

# Los Ciervos
## (The Deer)

**Instrucciones:** Coloree y corte los ciervos. El estudiante necesita decir _____ antes de pegar los ciervos en el bosque.

(Instructions: Color and cut out the deer. Have the child say _____ before gluing the deer in the forest.)

_____   _____
Nombre/Name          Fecha/Date        Firma del Ayudante/Helper's Signature

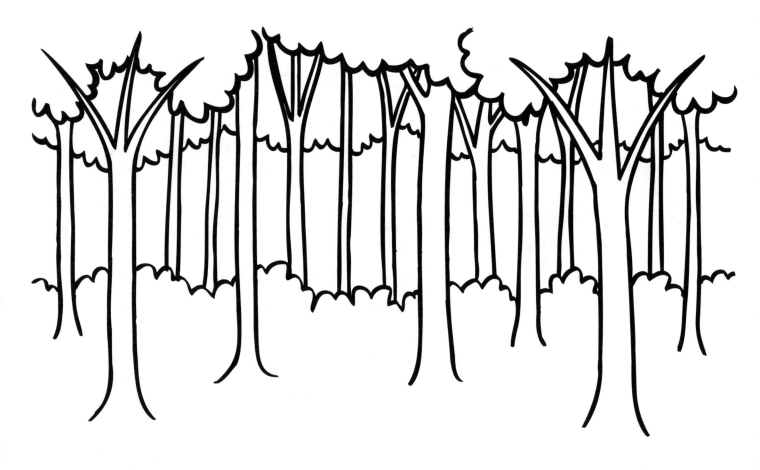

**S Sound**     BK-328 Webber® Spanish Articulation Picture Book • ©2006 Super Duper® Publications • 1-800-277-8737 • www.superduperinc.com

# Los Palillos
## (The Chopsticks)

**Instrucciones:** Coloree y corte los palillos.  El estudiante necesita decir _____ antes de pegarle los palillos a las fuentes de arroz.

(Instructions: Color and cut out the chopsticks.  Have the child say _____ before gluing the chopsticks to the bowls of rice.)

_____     _____
Nombre/Name                    Fecha/Date          Firma del Ayudante/Helper's Signature

# Las Uvas
## (The Grapes)

**Instrucciones:** Coloree y corte las uvas. El estudiante necesita decir_____
antes de pegarle las uvas a la vid.

(Instructions: Color and cut out the grapes. Have the child say _____ before gluing the
grapes to the grapevine.)

_____     _____
Nombre/Name                    Fecha/Date        Firma del Ayudante/Helper's Signature

# R

**El Tesoro**

**Instrucciones/Instructions:** _____

| | | |
|---|---|---|
| **rey**<br>(king) | **rata**<br>(rat) | **rosa**<br>(rose) |
| **roca**<br>(rock) | **robot**<br>(robot) | **radio**<br>(radio) |
| **reglas**<br>(rules) | **rasgar**<br>(to rip) | **ratón**<br>(mouse) |

NO CORRIENDO
NO COMIDA
NO BEBIDAS
NO AMIMALES

Nombre/Name                    Fecha/Date                    Firma del Ayudante/Helper's Signature

# R Sound - Prevocalic (Initial)
## 2 Syllable Words

Instrucciones/Instructions: _____

**regla**
(ruler)

**reloj**
(clock)

**ropa**
(clothes)

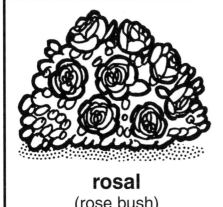

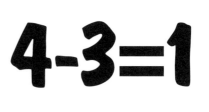

**rosal**
(rose bush)

**rana**
(frog)

**restar**
(to subtract)

**romper**
(to smash)

**reír**
(to laugh)

**rama**
(limb)

Nombre/Name     Fecha/Date     Firma del Ayudante/Helper's Signature

# R Sound - Prevocalic (Medial)
## 2 Syllable Words

**cero**
(zero)

**flores**
(flowers)

**pera**
(pear)

**cara**
(face)

**faro**
(lighthouse)

**toro**
(bull)

**mirar**
(watch)

**oro**
(gold)

**nariz**
(nose)

Nombre/Name _____  Fecha/Date _____  Firma del Ayudante/Helper's Signature

BK-328 Webber® Spanish Articulation Picture Book • ©2006 Super Duper® Publications • 1-800-277-8737 • www.superduperinc.com

# R Sound - Prevocalic (Initial)
## 3 Syllable Words

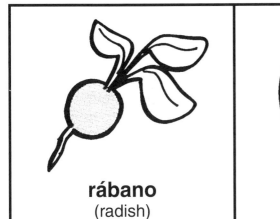

**rábano**
(radish)

**redondo**
(round)

**raíces**
(root)

**rodillo**
(rolling pin)

**regalo**
(present)

**receta**
(recipe)

**ratones**
(mice)

**revista**
(magazine)

**ruidoso**
(noisy)

Nombre/Name          Fecha/Date          Firma del Ayudante/Helper's Signature

BK-328 Webber® Spanish Articulation Picture Book • ©2006 Super Duper® Publications • 1-800-277-8737 • www.superduperinc.com

**R Sound**   73

# R Sound - Prevocalic (Medial)
## 3 Syllable Words

**Instrucciones/Instructions:** _____

**gorila**
(gorilla)

**canguro**
(kangaroo)

**parasol**
(parasol)

**turista**
(tourist)

**naranja**
(orange)

**caribú**
(caribou)

**granero**
(barn)

**oreja**
(ear)

**granjero**
(farmer)

Nombre/Name _____    Fecha/Date _____    Firma del Ayudante/Helper's Signature

BK-328 Webber® Spanish Articulation Picture Book • ©2006 Super Duper® Publications • 1-800-277-8737 • www.superduperinc.com

# R Sound - Prevocalic (Medial)
## 3 Syllable Words

**Instrucciones/Instructions:** _____

**morueco**
(ram)

**carrera**
(race)

**parientes**
(family)

**pájaro**
(bird)

**aretes**
(earrings)

**cerezas**
(cherries)

**jirafa**
(giraffe)

**pirata**
(pirate)

**cámara**
(camera)

Nombre/Name          Fecha/Date          Firma del Ayudante/Helper's Signature

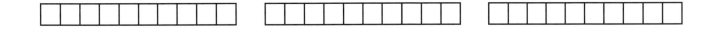

# R Sound - Prevocalic (Medial)
## 3 Syllable Words

**Instrucciones/Instructions:** _____

**pantera**
(panther)

**araña**
(spider)

**vampiro**
(vampire)

**plomero**
(plumber)

**toronja**
(grapefruit)

**corona**
(crown)

**basura**
(trash)

**tesoro**
(treasure)

**arena**
(sand)

Nombre/Name _____ Fecha/Date _____ Firma del Ayudante/Helper's Signature

BK-328 Webber® Spanish Articulation Picture Book • ©2006 Super Duper® Publications • 1-800-277-8737 • www.superduperinc.com

# R Sound - Prevocalic (Medial)
## 3 Syllable Words

**Instrucciones/Instructions:** _____

| | | |
|---|---|---|
| **cereal**<br>(cereal) | **girasol**<br>(sunflower) | **pulsera**<br>(bracelet) |
| **afuera**<br>(outside) | **perrera**<br>(doghouse) | **cuchara**<br>(spoon) |
| **cítara**<br>(zither) | **lámpara**<br>(lamp) | **oruga**<br>(caterpillar) |

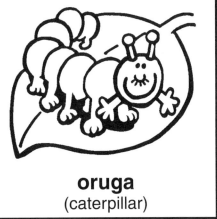

Nombre/Name _____  Fecha/Date _____  Firma del Ayudante/Helper's Signature

# R Sound - Prevocalic (Medial)
## 3 Syllable Words

**paraguas**
(umbrella)

**cartero**
(mail carrier)

**caracol**
(snail)

**cascarón**
(eggshell)

**bandera**
(flag)

**florero**
(florist)

**camarón**
(shrimp)

**postura**
(posture)

**arañar**
(scratch)

BK-328 Webber® Spanish Articulation Picture Book • ©2006 Super Duper® Publications • 1-800-277-8737 • www.superduperinc.com

# R Sound - Prevocalic (Medial)
## 3 Syllable Words

**Instrucciones/Instructions:** _____

**estirar**
(stretch)

**tetera**
(teapot)

**vaquero**
(cowboy)

**señora**
(lady)

**sirena**
(mermaid)

**marido**
(husband)

**dinero**
(money)

**12345 678...**

**números**
(numbers)

**cordero**
(lamb)

Nombre/Name                     Fecha/Date                     Firma del Ayudante/Helper's Signature

# R Sound - Prevocalic (Medial)
## 4 Syllable Words

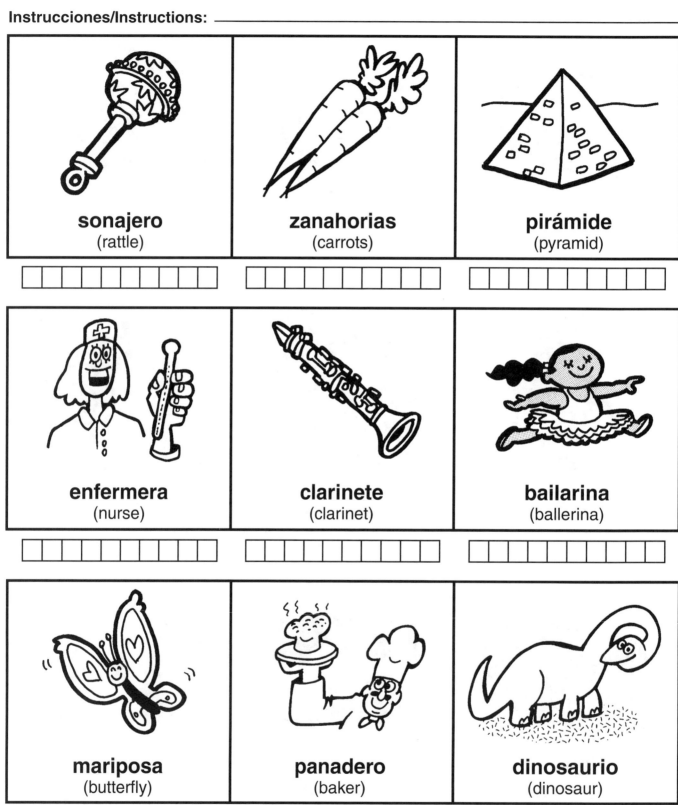

**sonajero**
(rattle)

**zanahorias**
(carrots)

**pirámide**
(pyramid)

**enfermera**
(nurse)

**clarinete**
(clarinet)

**bailarina**
(ballerina)

**mariposa**
(butterfly)

**panadero**
(baker)

**dinosaurio**
(dinosaur)

Nombre/Name          Fecha/Date          Firma del Ayudante/Helper's Signature

# R Sound - Prevocalic (Medial)
## 4 Syllable Words

**Instrucciones/Instructions:** _____

**escalera**
(ladder)

**periódico**
(newspaper)

**marinero**
(sailor)

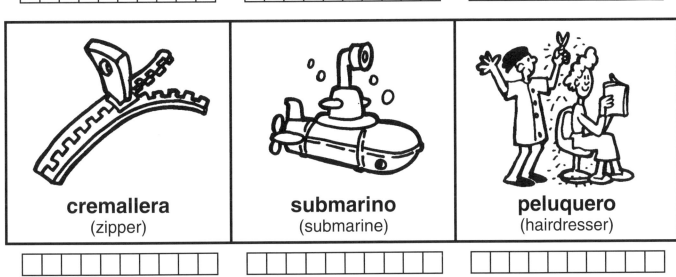

**cremallera**
(zipper)

**submarino**
(submarine)

**peluquero**
(hairdresser)

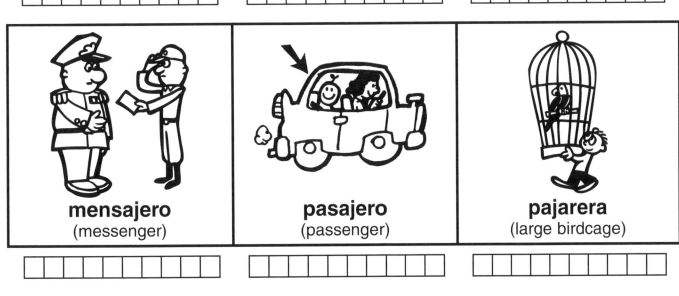

**mensajero**
(messenger)

**pasajero**
(passenger)

**pajarera**
(large birdcage)

Nombre/Name          Fecha/Date          Firma del Ayudante/Helper's Signature

# R Sound - Prevocalic (Medial)
## 4 Syllable Words

**Instrucciones/Instructions:** _____

**camarera**
(waitress)

**perezoso**
(sloth)

**calendario**
(calendar)

**taburete**
(stool)

**hormiguero**
(anthill)

**parabrisas**
(windshield)

**direcciones**
(directions)

**varicela**
(chicken pox)

**cucarachas**
(roaches)

Nombre/Name _____  Fecha/Date _____  Firma del Ayudante/Helper's Signature

# R Sound - Prevocalic (Medial)
## 4⁺ Syllable Words

**Instrucciones/Instructions:** _____

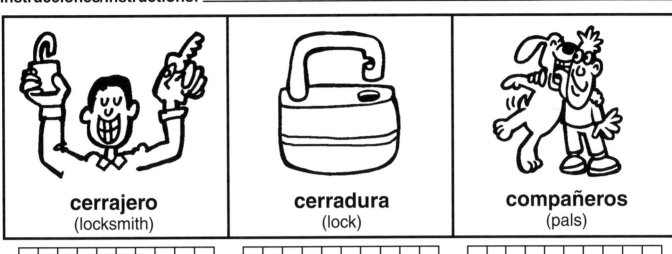

**cerrajero**
(locksmith)

**cerradura**
(lock)

**compañeros**
(pals)

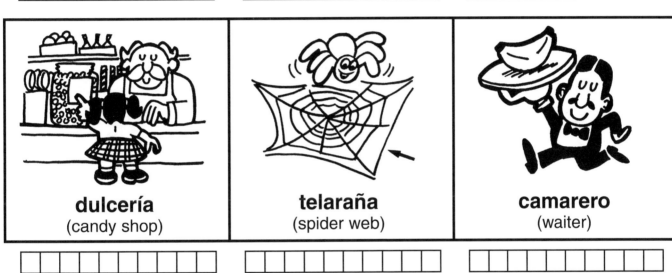

**dulcería**
(candy shop)

**telaraña**
(spider web)

**camarero**
(waiter)

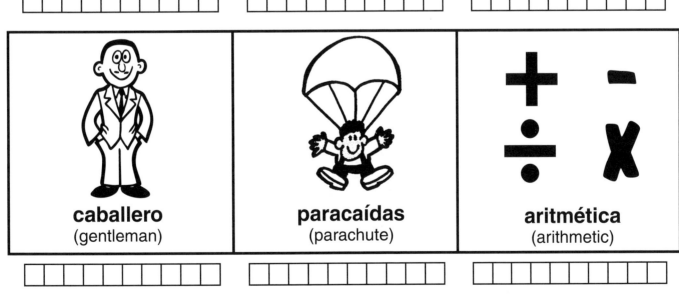

**caballero**
(gentleman)

**paracaídas**
(parachute)

**aritmética**
(arithmetic)

Nombre/Name          Fecha/Date          Firma del Ayudante/Helper's Signature

# R Sound - **Prevocalic (Medial)**
## 4+ Syllable Words

**Instrucciones/Instructions:** _____

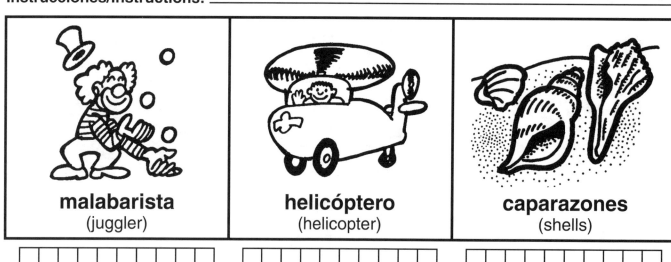

**malabarista**
(juggler)

**helicóptero**
(helicopter)

**caparazones**
(shells)

**salpicadura**
(splash)

**veterinario**
(vet)

**enredadera**
(climbing plant)

**locomotora**
(locomotive)

**panadería**
(bakery)

**albaricoque**
(apricot)

Nombre/Name          Fecha/Date          Firma del Ayudante/Helper's Signature

BK-328 Webber® Spanish Articulation Picture Book • ©2006 Super Duper® Publications • 1-800-277-8737 • www.superduperinc.com

# R Sound - Postvocalic (Final)
## 1-2 Syllable Words

**Instrucciones/Instructions:** _____

**flor**
(flower)

**mar**
(sea)

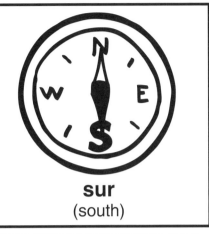

**sur**
(south)

**rasgar**
(to rip)

**bailar**
(to dance)

**castor**
(beaver)

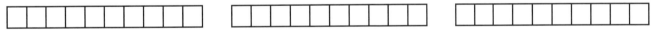

**doctor**
(doctor)

**dólar**
(dollar)

**pintor**
(painter)

Nombre/Name _____     Fecha/Date _____     Firma del Ayudante/Helper's Signature _____

# R Sound - Postvocalic (Final)
## 2 Syllable Words

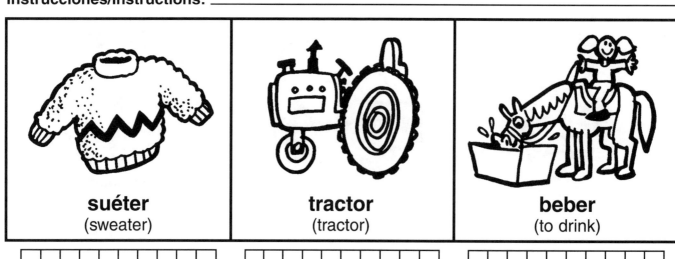

| | | |
|---|---|---|
| **suéter** (sweater) | **tractor** (tractor) | **beber** (to drink) |

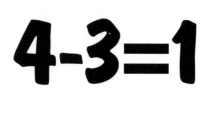

| | | |
|---|---|---|
| **coser** (to sew) | **cantar** (to sing) | **restar** (to subtract) |

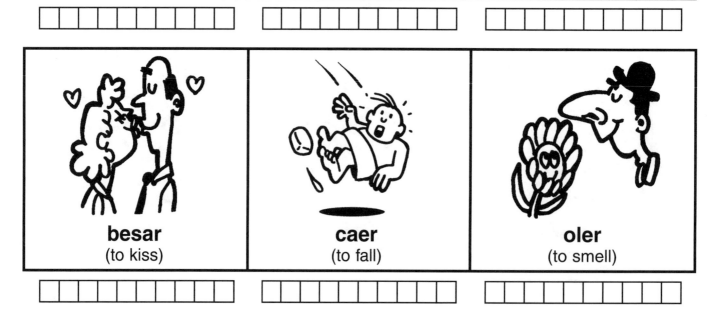

| | | |
|---|---|---|
| **besar** (to kiss) | **caer** (to fall) | **oler** (to smell) |

Nombre/Name          Fecha/Date          Firma del Ayudante/Helper's Signature

BK-328 Webber® Spanish Articulation Picture Book • ©2006 Super Duper® Publications • 1-800-277-8737 • www.superduperinc.com

# R Sound - Postvocalic (Final)
## 2 Syllable Words

**Instrucciones/Instructions:** _____

| **romper** (to smash) | **roncar** (to snore) | **parar** (to stop) |

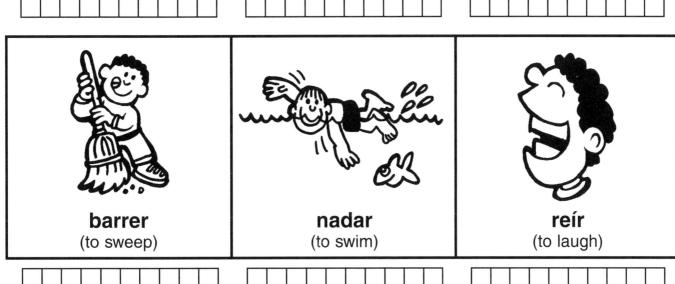

| **barrer** (to sweep) | **nadar** (to swim) | **reír** (to laugh) |

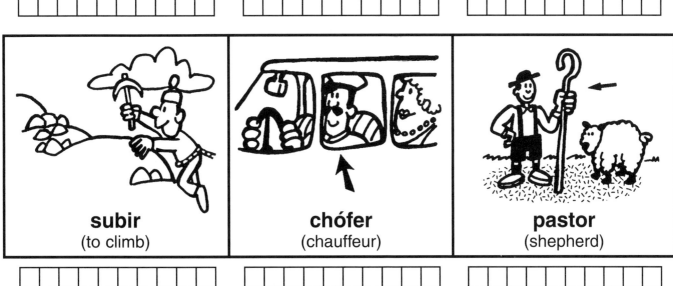

| **subir** (to climb) | **chófer** (chauffeur) | **pastor** (shepherd) |

Nombre/Name      Fecha/Date      Firma del Ayudante/Helper's Signature

# R Sound - Postvocalic (Final)
## 2 Syllable Words

**taller**
(workshop)

**lavar**
(to wash)

**mascar**
(to chew)

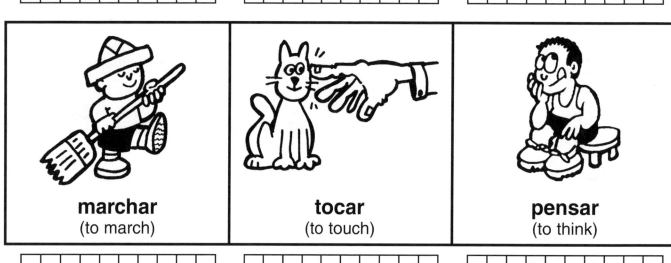

**marchar**
(to march)

**tocar**
(to touch)

**pensar**
(to think)

**votar**
(to vote)

**amar**
(to love)

**tambor**
(drummer)

Nombre/Name _____  Fecha/Date _____  Firma del Ayudante/Helper's Signature

BK-328 Webber® Spanish Articulation Picture Book • ©2006 Super Duper® Publications • 1-800-277-8737 • www.superduperinc.com

# R Sound - Postvocalic (Medial & Final)
## 3 Syllable Words

Instrucciones/Instructions: _____

**tenedor**
(fork)

**matador**
(matador)

**azúcar**
(sugar)

**alcanzar**
(reach)

**bailador**
(dancer)

**borrador**
(eraser)

**derramar**
(to spill)

**leñador**
(lumberjack)

**cartero**
(mail carrier)

Nombre/Name          Fecha/Date          Firma del Ayudante/Helper's Signature

# R Sound - Postvocalic (Medial & Final)
## 3 Syllable Words

**sorbete**
(sherbet)

**empujar**
(to push)

**perseguir**
(to chase)

**alegrar**
(to cheer)

**receptor**
(catcher)

**lanzador**
(pitcher)

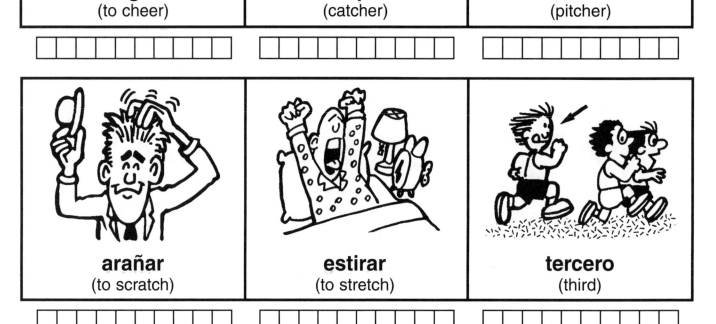

**arañar**
(to scratch)

**estirar**
(to stretch)

**tercero**
(third)

Nombre/Name          Fecha/Date          Firma del Ayudante/Helper's Signature

# R Sound - Postvocalic (Medial & Final)
## 4⁺ Syllable Words

**Instrucciones/Instructions:** _____

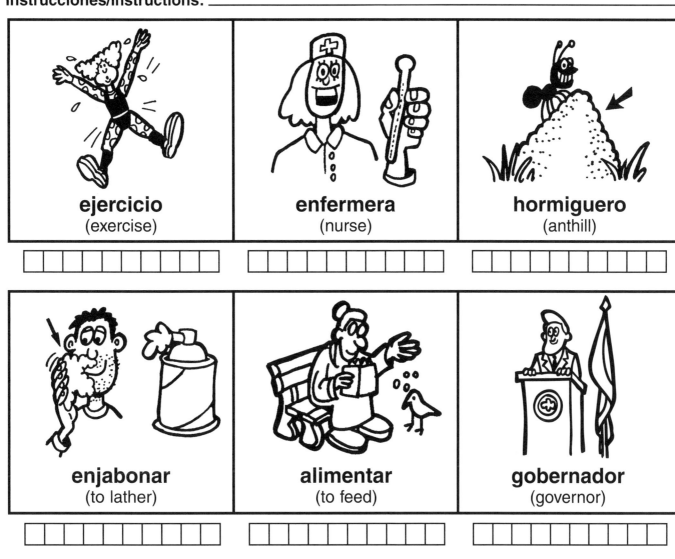

**ejercicio**
(exercise)

**enfermera**
(nurse)

**hormiguero**
(anthill)

**enjabonar**
(to lather)

**alimentar**
(to feed)

**gobernador**
(governor)

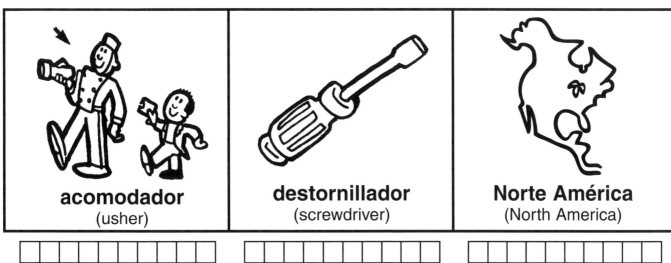

**acomodador**
(usher)

**destornillador**
(screwdriver)

**Norte América**
(North America)

_____    _____    _____
Nombre/Name                Fecha/Date                 Firma del Ayudante/Helper's Signature

# R Sound - Postvocalic (Medial & Final)
## 4+ Syllable Words

**deportivo**
(sporty)

**desayunar**
(to have breakfast)

**engalanar**
(to decorate)

**entendedor**
(expert)

**importación**
(importing)

**termómetro**
(thermometer)

**importancia**
(influence, importance)

**descargadero**
(pier, loading dock)

**determinación**
(decision)

# El Radio
## (The Radio)

**Instrucciones:** Coloree y corte las notas musicales.  El estudiante necesita decir _____ antes de pegar las notas encima del radio.

(Instructions: Color and cut out the music notes.  Have the child say _____ before gluing the music notes above the radio.)

_____          _____
Nombre/Name          Fecha/Date          Firma del Ayudante/Helper's Signature

# El Mar
## (The Sea)

**Instrucciones:** Coloree y corte los peces.  El estudiante necesita decir _____ antes de pegar los peces en el mar.

(Instructions: Color and cut out the fish.  Have the child say _____ before gluing the fish in the sea.)

| | | |
|---|---|---|
| Nombre/Name | Fecha/Date | Firma del Ayudante/Helper's Signature |

**R Sound**

BK-328 Webber® Spanish Articulation Picture Book  •  ©2006 Super Duper® Publications  •  1-800-277-8737  •  www.superduperinc.com

# R Blends

## Las Frutas

# R Blends - FR Blends

**frutas**
(fruits)

**fresas**
(strawberries)

**frágil**
(fragile)

**freír**
(to fry)

**frío**
(cold)

**fracciones**
(fractions)

**frazada**
(blanket)

**frutería**
(fruit stand)

**fresquería**
(refreshment stand)

Nombre/Name          Fecha/Date          Firma del Ayudante/Helper's Signature

BK-328 Webber® Spanish Articulation Picture Book • ©2006 Super Duper® Publications • 1-800-277-8737 • www.superduperinc.com

# R Blends - BR Blends

Instrucciones/Instructions: _____

**brote**
(rash)

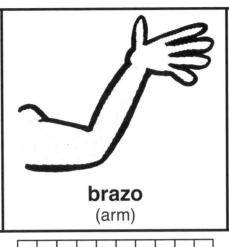

**brazo**
(arm)

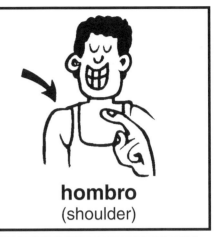

**hombro**
(shoulder)

**libro**
(book)

**alfombra**
(rug)

**abrazar**
(to hug)

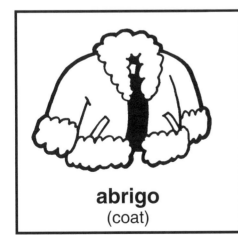

**abrigo**
(coat)

**celebración**
(celebration)

**parabrisas**
(windshield)

Nombre/Name _____ Fecha/Date _____ Firma del Ayudante/Helper's Signature

# R Blends - TR Blends

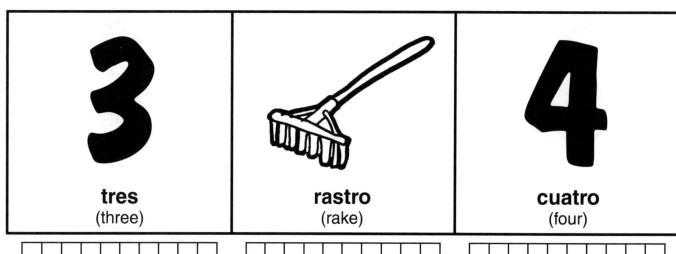

**tres**
(three)

**rastro**
(rake)

**cuatro**
(four)

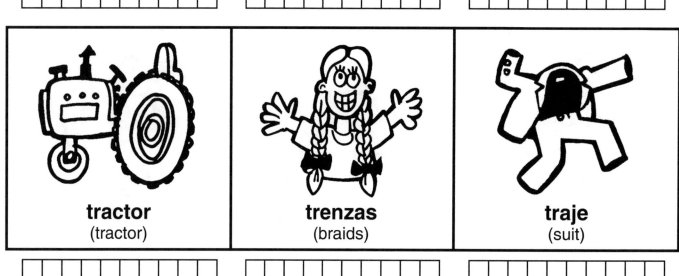

**tractor**
(tractor)

**trenzas**
(braids)

**traje**
(suit)

**actriz**
(actress)

**trébol**
(clover)

**buitre**
(vulture)

Nombre/Name     Fecha/Date     Firma del Ayudante/Helper's Signature

# R Blends - TR Blends

**Instrucciones/Instructions:** _____

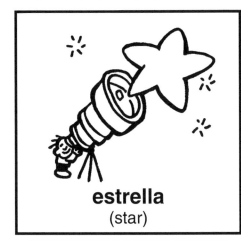

**estrella**
(star)

**maestra**
(teacher)

**trillizos**
(triplets)

**triciclo**
(tricycle)

**tráfico**
(traffic)

**triángulo**
(triangle)

**arrastrando**
(crawling)

**termómetro**
(thermometer)

**entrenador**
(coach)

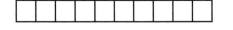

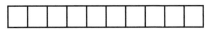

Nombre/Name          Fecha/Date          Firma del Ayudante/Helper's Signature

# R Blends - GR Blends

Instrucciones/Instructions: _____

**tigre**
(tiger)

☐☐☐☐☐☐☐☐☐☐

**grupo**
(group)

☐☐☐☐☐☐☐☐☐☐

**grillo**
(cricket)

☐☐☐☐☐☐☐☐☐☐

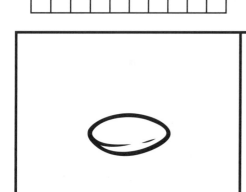

**grana**
(seed)

☐☐☐☐☐☐☐☐☐☐

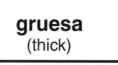

**gruesa**
(thick)

☐☐☐☐☐☐☐☐☐☐

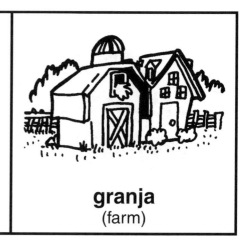

**granja**
(farm)

☐☐☐☐☐☐☐☐☐☐

**grande**
(large)

☐☐☐☐☐☐☐☐☐☐

**granero**
(barn)

☐☐☐☐☐☐☐☐☐☐

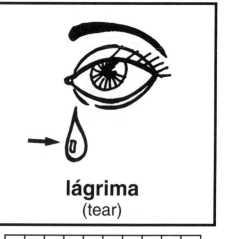

**lágrima**
(tear)

☐☐☐☐☐☐☐☐☐☐

Nombre/Name     Fecha/Date     Firma del Ayudante/Helper's Signature

# R Blends - DR Blends

**Instrucciones/Instructions:** _____

**padre**
(father)

**madre**
(mother)

**dragón**
(dragon)

**ladrón**
(thief)

**hiedra**
(ivy)

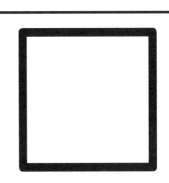

**cuadrado**
(square)

**ladrillos**
(bricks)

**ajedrez**
(chess)

**cocodrilo**
(crocodile)

Nombre/Name          Fecha/Date          Firma del Ayudante/Helper's Signature

# R Blends - PR Blends

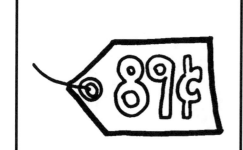

**precio**
(price)

**premio**
(prize)

**prima**
(cousin)

**primal**
(yearling)

**princesa**
(princess)

**príncipe**
(prince)

**practicar**
(to practice)

**apretarse**
(to snuggle)

**presidente**
(president)

Nombre/Name          Fecha/Date          Firma del Ayudante/Helper's Signature

BK-328 Webber® Spanish Articulation Picture Book • ©2006 Super Duper® Publications • 1-800-277-8737 • www.superduperinc.com

# ¡Las Fresas!
## (The Strawberries)

**Instrucciones:** Coloree y corte las fresas. El estudiante necesita decir _____ antes de pegarle las fresas al pastel.

(Instructions: Color and cut out the strawberries. Have the child say _____ before gluing the strawberries to the cake.)

_____     _____
Nombre/Name                Fecha/Date          Firma del Ayudante/Helper's Signature

# ¡Los Libros!
## (The Books)

**Instrucciones:** Coloree y corte los libros.  El estudiante necesita decir _____ antes de pegarle los libros en el estante para libros.

(Instructions: Color and cut out the books.  Have the child say _____ before gluing the books in the bookshelf.)

_____     _____     _____
Nombre/Name                                         Fecha/Date              Firma del Ayudante/Helper's Signature

**R Blends**

BK-328 Webber® Spanish Articulation Picture Book   •©2006 Super Duper® Publications   •   1-800-277-8737   •   www.superduperinc.com

# rr

**El Perro**

# rr Sound - Prevocalic (Medial)
## 2 Syllable Words

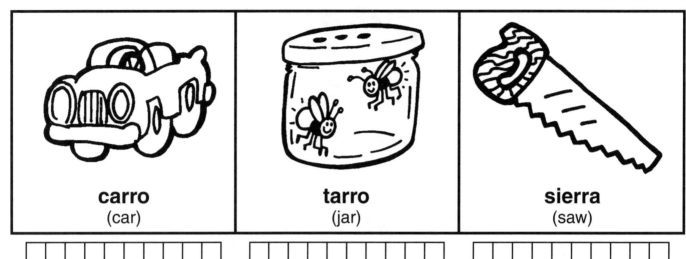

**carro**
(car)

**tarro**
(jar)

**sierra**
(saw)

**perro**
(dog)

**narria**
(dolly)

**arroz**
(rice)

**borrar**
(to erase)

**Zorro**
(Zorro)

**gorra**
(cap)

Nombre/Name                    Fecha/Date                    Firma del Ayudante/Helper's Signature

BK-328 Webber® Spanish Articulation Picture Book • ©2006 Super Duper® Publications • 1-800-277-8737 • www.superduperinc.com

# rr Sound - Prevocalic (Medial)
## 2 Syllable Words

**Instrucciones/Instructions:** _____

**tierra**
(earth)

**jarra**
(jug)

**burro**
(donkey)

**corral**
(barnyard)

**corre**
(he/she runs)

**marrón**
(brown)

**cerrar**
(to close)

**barrer**
(to sweep)

**torre**
(tower)

_____   _____   _____
Nombre/Name     Fecha/Date     Firma del Ayudante/Helper's Signature

# rr Sound - Prevocalic (Medial)
## 3 Syllable Words

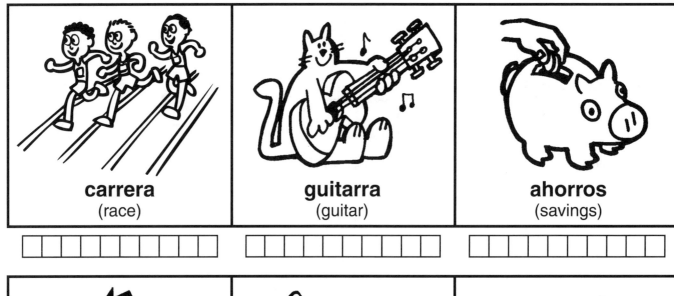

**carrera**
(race)

**guitarra**
(guitar)

**ahorros**
(savings)

**borrador**
(eraser)

**perrera**
(doghouse)

**carrete**
(spool)

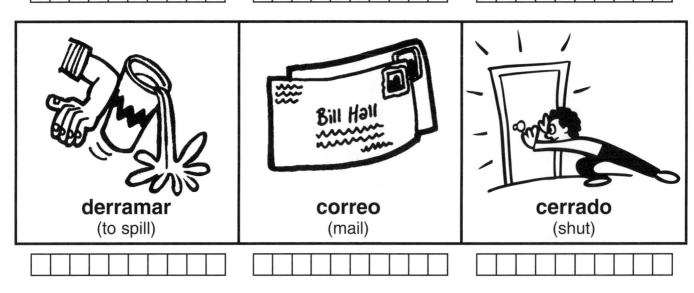

**derramar**
(to spill)

**correo**
(mail)

**cerrado**
(shut)

Nombre/Name          Fecha/Date          Firma del Ayudante/Helper's Signature

# rr Sound - Prevocalic (Medial)
## 3 Syllable Words

Instrucciones/Instructions: _____

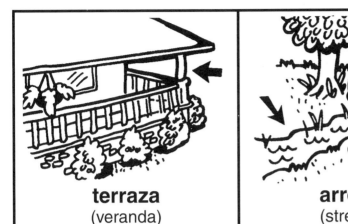

**terraza**
(veranda)

**arroyo**
(stream)

**charrúa**
(small tug boat)

**terrible**
(terrible)

**terroso**
(dirty)

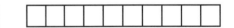

**corrida**
(race, run)

**corriente**
(running)

**carreta**
(cart)

**párrafo**
(paragraph)

Nombre/Name          Fecha/Date          Firma del Ayudante/Helper's Signature

# rr Sound - Prevocalic (Medial)
## 4 Syllable Words

**Instrucciones/Instructions:** _____

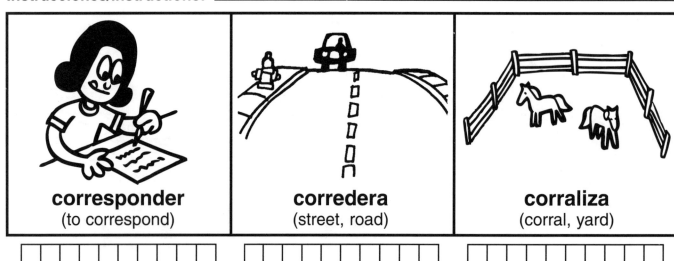

**corresponder**
(to correspond)

**corredera**
(street, road)

**corraliza**
(corral, yard)

**derrotado**
(shabby, ragged)

**macarrones**
(macaroni)

**herradura**
(horseshoe)

**cerrajero**
(locksmith)

**arrojando**
(tossing)

**terracota**
(terra cotta)

Nombre/Name          Fecha/Date          Firma del Ayudante/Helper's Signature

BK-328 Webber® Spanish Articulation Picture Book • ©2006 Super Duper® Publications • 1-800-277-8737 • www.superduperinc.com

# rr Sound - Prevocalic (Medial)
## 4 Syllable Words

Instrucciones/Instructions: _____

**emparrillar**
(to grill)

**encarrilar**
(to guide)

**engarriar**
(to climb)

**erróneo**
(erroneous, mistaken)

**narrativo**
(narrative, account)

**ocurrencia**
(occurrence, event)

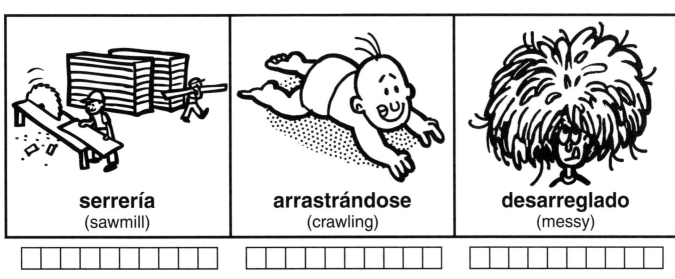

**serrería**
(sawmill)

**arrastrándose**
(crawling)

**desarreglado**
(messy)

Nombre/Name     Fecha/Date     Firma del Ayudante/Helper's Signature

# Las Guitarras
## (The Guitars)

**Instrucciones:** Coloree y corte las guitarras. El estudiante necesita decir _____ antes de pegarle las guitarras a las personas.

(Instructions: Color and cut out the guitars. Have the child say _____ before gluing the guitars to the people.)

_____     _____
Nombre/Name          Fecha/Date          Firma del Ayudante/Helper's Signature

BK-328 Webber® Spanish Articulation Picture Book   •   ©2006 Super Duper® Publications   •   1-800-277-8737   •   www.superduperinc.com

# Los Perros
## (The Dogs)

**Instrucciones:** Coloree y corte los perros. El estudiante necesita decir _____ antes de pegar los perros en las perreras.

(Instructions: Color and cut out the dogs. Have the child say _____ before gluing the dogs in the doghouses.)

| | |
|---|---|
| Nombre/Name | Fecha/Date |

Firma del Ayudante/Helper's Signature

# Las Herraduras
## (The Horseshoes)

**Instrucciones:** Coloree y corte las herraduras. El estudiante necesita decir _____ antes de pegar las herraduras en los hoyos de herraduras.

(Instructions: Color and cut out the horseshoes. Have the child say _____ before gluing the horseshoes in the horseshoe pits.)

_____    _____
Nombre/Name          Fecha/Date          Firma del Ayudante/Helper's Signature

**rr Sound**          BK-328 Webber® Spanish Articulation Picture Book  • ©2006 Super Duper® Publications • 1-800-277-8737 • www.superduperinc.com

# L

## La Langosta

# L Sound - Prevocalic (Initial)
## 2 Syllable Words

**Instrucciones/Instructions:** _____

**leer**
(read)

**lazo**
(lasso)

**lápiz**
(pencil)

**listo**
(smart)

**lima**
(lime)

**labios**
(lips)

**leño**
(log)

**largo**
(long)

**limón**
(lemon)

Nombre/Name

Fecha/Date

Firma del Ayudante/Helper's Signature

BK-328 Webber® Spanish Articulation Picture Book • ©2006 Super Duper® Publications • 1-800-277-8737 • www.superduperinc.com

# L Sound - Prevocalic (Initial)
## 2 Syllable Words

**león**
(lion)

**loción**
(lotion)

**lavar**
(to wash)

**ladrón**
(thief)

**lobo**
(wolf)

**lata**
(can)

**leche**
(milk)

**libro**
(book)

**luna**
(moon)

Nombre/Name

Fecha/Date

Firma del Ayudante/Helper's Signature

# L Sound - Prevocalic (Medial)
## 2 Syllable Words

**Instrucciones/Instructions:** _____

**bailar**
(to dance)

**pelo**
(hair)

**dólar**
(dollar)

**polo**
(popsicle®)

**hielo**
(ice)

**oler**
(to smell)

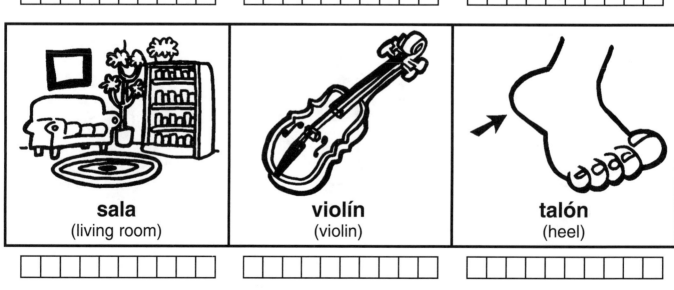

**sala**
(living room)

**violín**
(violin)

**talón**
(heel)

Nombre/Name _____     Fecha/Date _____     Firma del Ayudante/Helper's Signature

BK-328 Webber® Spanish Articulation Picture Book • ©2006 Super Duper® Publications • 1-800-277-8737 • www.superduperinc.com

# L Sound - Prevocalic (Initial)
## 3 Syllable Words

Instrucciones/Instructions: _____

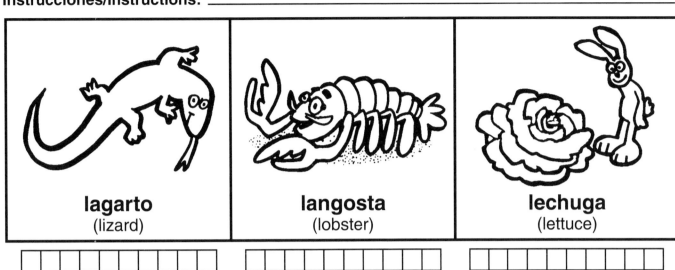

**lagarto**
(lizard)

**langosta**
(lobster)

**lechuga**
(lettuce)

**lámpara**
(lamp)

**leñador**
(lumberjack)

**lanzador**
(pitcher)

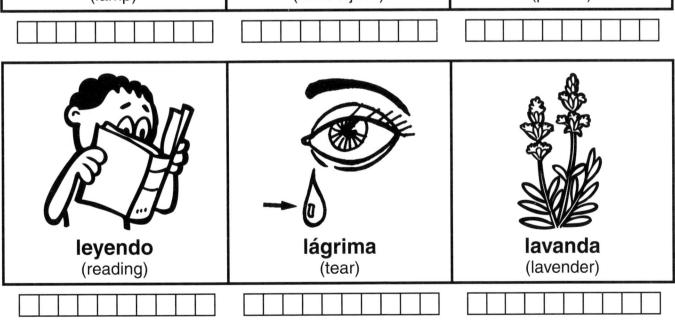

**leyendo**
(reading)

**lágrima**
(tear)

**lavanda**
(lavender)

Nombre/Name          Fecha/Date          Firma del Ayudante/Helper's Signature

# L Sound - Prevocalic (Medial)
## 3 Syllable Words

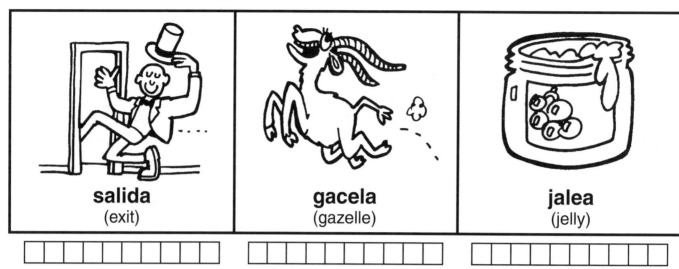

**salida**
(exit)

**gacela**
(gazelle)

**jalea**
(jelly)

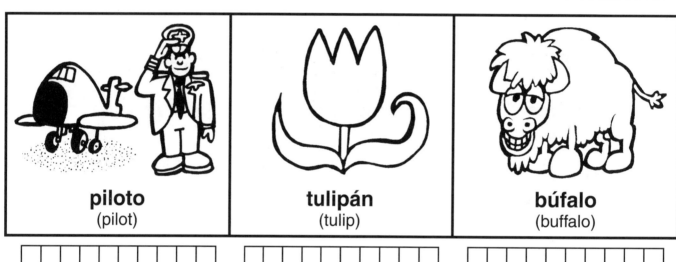

**piloto**
(pilot)

**tulipán**
(tulip)

**búfalo**
(buffalo)

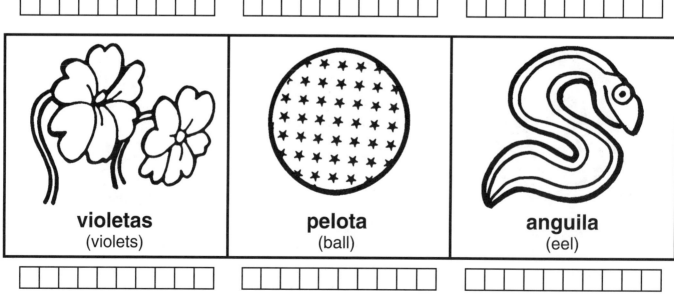

**violetas**
(violets)

**pelota**
(ball)

**anguila**
(eel)

Nombre/Name     Fecha/Date     Firma del Ayudante/Helper's Signature

BK-328 Webber® Spanish Articulation Picture Book • ©2006 Super Duper® Publications • 1-800-277-8737 • www.superduperinc.com

**Instrucciones/Instructions:** _____

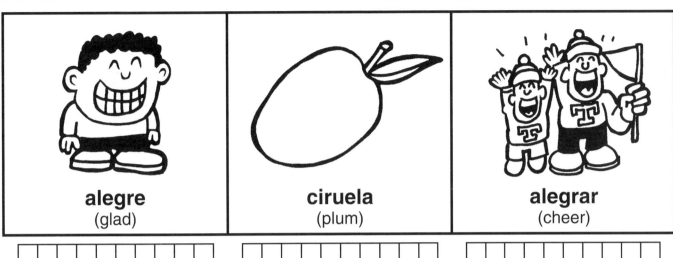

**alegre**
(glad)

**ciruela**
(plum)

**alegrar**
(cheer)

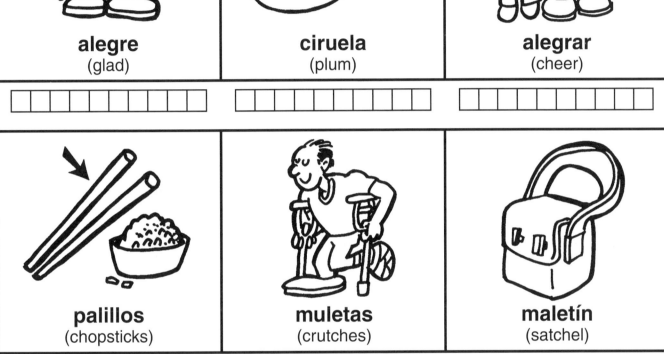

**palillos**
(chopsticks)

**muletas**
(crutches)

**maletín**
(satchel)

**rayuela**
(hopscotch)

**abuelo**
(grandfather)

**abuela**
(grandmother)

Nombre/Name          Fecha/Date          Firma del Ayudante/Helper's Signature

# L Sound - Prevocalic (Medial)
## 3 Syllable Words

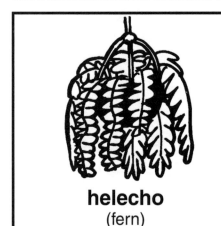

**helecho**
(fern)

**chaleco**
(vest)

**vocales**
(vowels)

**balada**
(ballad)

**paloma**
(dove)

**galope**
(gallop)

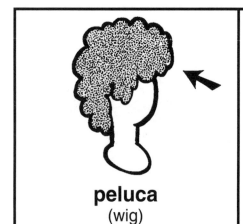

**peluca**
(wig)

**caliente**
(hot)

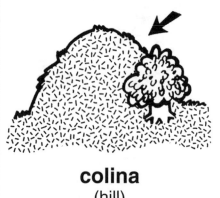

**colina**
(hill)

Nombre/Name          Fecha/Date          Firma del Ayudante/Helper's Signature

BK-328 Webber® Spanish Articulation Picture Book • ©2006 Super Duper® Publications • 1-800-277-8737 • www.superduperinc.com

# L Sound - Prevocalic (Medial)
## 4 Syllable Words

**Instrucciones/Instructions:** _____

**rectángulo**
(rectangle)

**bailarina**
(ballerina)

**escalera**
(ladder)

**libélula**
(dragonfly)

**cocodrilo**
(crocodile)

**celebración**
(celebration)

**gasolina**
(gasoline)

**peluquero**
(hairdresser)

**cacerola**
(casserole)

Nombre/Name          Fecha/Date          Firma del Ayudante/Helper's Signature

# L Sound - Prevocalic (Medial)
## 4 Syllable Words

**Instrucciones/Instructions:** _____

**esqueleto**
(skeleton)

**zoólogo**
(zoologist)

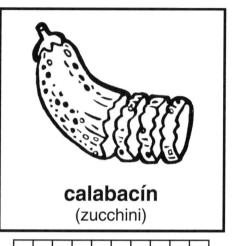

**calabacín**
(zucchini)

**televisión**
(television)

**alacena**
(closet)

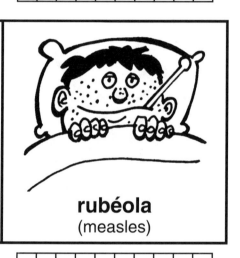

**rubéola**
(measles)

**animales**
(animals)

**relámpago**
(lightning)

**ensalada**
(salad)

Nombre/Name          Fecha/Date          Firma del Ayudante/Helper's Signature

**L Sound**

BK-328 Webber® Spanish Articulation Picture Book • ©2006 Super Duper® Publications • 1-800-277-8737 • www.superduperinc.com

# L Sound - Prevocalic (Medial)
## 4 Syllable Words

**Instrucciones/Instructions:** _____

**ambulancia**
(ambulance)

**elefante**
(elephant)

**teléfono**
(telephone)

**calendario**
(calendar)

**baloncesto**
(basketball)

**elegante**
(glamorous)

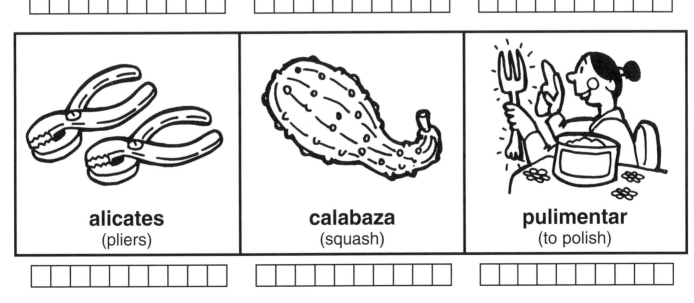

**alicates**
(pliers)

**calabaza**
(squash)

**pulimentar**
(to polish)

Nombre/Name

Fecha/Date

Firma del Ayudante/Helper's Signature

BK-328 Webber® Spanish Articulation Picture Book • ©2006 Super Duper® Publications • 1-800-277-8737 • www.superduperinc.com

# L Sound - Prevocalic (Medial)
## 4 Syllable Words

**varicela**
(chicken pox)

**chocolate**
(chocolate)

**alegría**
(mirth)

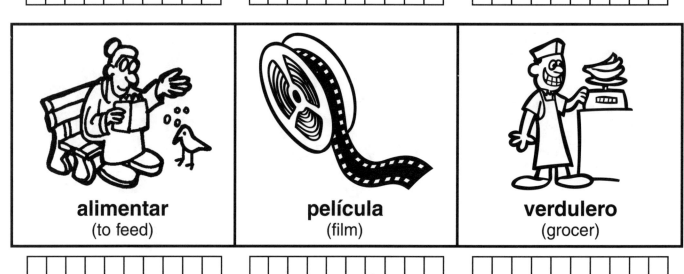

**alimentar**
(to feed)

**película**
(film)

**verdulero**
(grocer)

**pantalones**
(pants)

**empapelar**
(to wallpaper)

**antílope**
(antelope)

Nombre/Name          Fecha/Date          Firma del Ayudante/Helper's Signature

# L Sound - Prevocalic (Medial)
## 4⁺ Syllable Words

**Instrucciones/Instructions:** _____

**telaraña**
(spiderweb)

**murciélago**
(bat)

**talentoso**
(talented)

**malabarista**
(juggler)

**helicóptero**
(helicopter)

**espectáculo**
(show)

**caligrafía**
(calligraphy)

**melocotones**
(peaches)

**alimentando**
(feeding)

Nombre/Name          Fecha/Date          Firma del Ayudante/Helper's Signature

**L Sound** 127

# L Sound - **Postvocalic (Final)**
## 1-2 Syllable Words

**Instrucciones/Instructions:** _____

**sal**
(salt)

**sol**
(sun)

**piel**
(fur)

**chal**
(shawl)

**mil**
(thousand)

**col**
(cabbage)

**él**
(he)

**balsa**
(raft)

**árbol**
(tree)

Nombre/Name          Fecha/Date          Firma del Ayudante/Helper's Signature

BK-328 Webber® Spanish Articulation Picture Book • ©2006 Super Duper® Publications • 1-800-277-8737 • www.superduperinc.com

# L Sound - Postvocalic (Final)
## 2 Syllable Words

**béisbol**
(baseball)

**trébol**
(clover)

**rosal**
(rosebush)

**canal**
(channel)

**dedal**
(thimble)

**mantel**
(tablecloth)

**fósil**
(fossil)

**jovial**
(jovial)

**pastel**
(cake)

Nombre/Name            Fecha/Date            Firma del Ayudante/Helper's Signature

# L Sound - Postvocalic (Final)
## 3 Syllable Words

**Instrucciones/Instructions:** _____

**parasol**
(parasol)

**cereal**
(cereal)

**girasol**
(sunflower)

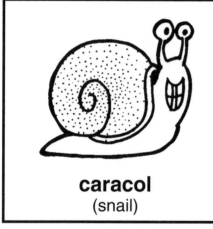

**caracol**
(snail)

**general**
(general)

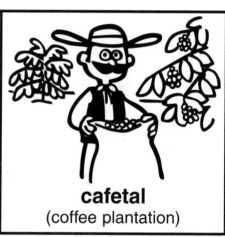

**cafetal**
(coffee plantation)

**capital**
(capital)

**carnaval**
(carnival)

**inicial**
(initial)

Nombre/Name  Fecha/Date  Firma del Ayudante/Helper's Signature

BK-328 Webber® Spanish Articulation Picture Book • ©2006 Super Duper® Publications • 1-800-277-8737 • www.superduperinc.com

# ¡Los Limones!
## (The Lemons)

**Instrucciones:** Coloree y corte los limones. El estudiante necesita decir_____ antes de pegarle los limones al árbol.

(Instructions: Color and cut out the lemons. Have the child say _____ before gluing the lemons to the tree.)

_____     _____
Nombre/Name                 Fecha/Date          Firma del Ayudante/Helper's Signature

# Los Dedales
## (The Thimbles)

**Instrucciones:** Coloree y corte los dedales.  El estudiante necesita decir _____ antes de pegarle los dedales a los dedos.

(Instructions: Color and cut out the thimbles.  Have the child say _____ before gluing the thimbles on the fingers.)

_____     _____
Nombre/Name                    Fecha/Date          Firma del Ayudante/Helper's Signature

BK-328 Webber® Spanish Articulation Picture Book  •  ©2006 Super Duper® Publications  •  1-800-277-8737  •  www.superduperinc.com

# L Blends

## Las Flores

# L Blends - BL Blends

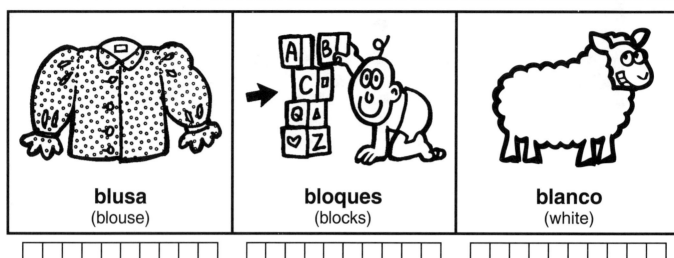

**blusa**
(blouse)

**bloques**
(blocks)

**blanco**
(white)

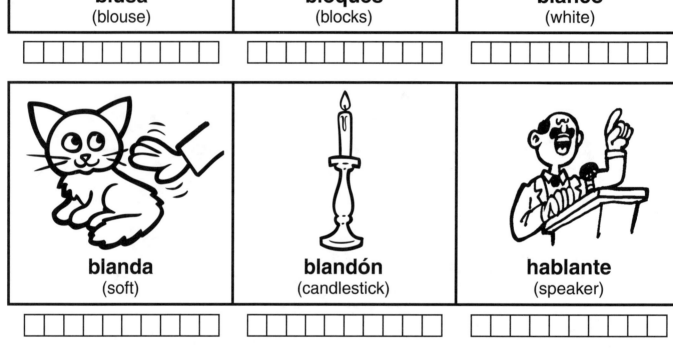

**blanda**
(soft)

**blandón**
(candlestick)

**hablante**
(speaker)

**hablando**
(talking)

**comestibles**
(groceries)

**impermeable**
(raincoat)

Nombre/Name     Fecha/Date     Firma del Ayudante/Helper's Signature

BK-328 Webber® Spanish Articulation Picture Book • ©2006 Super Duper® Publications • 1-800-277-8737 • www.superduperinc.com

# L Blends - GL Blends

**reglas**
(rules)

**globo**
(balloon)

**regla**
(ruler)

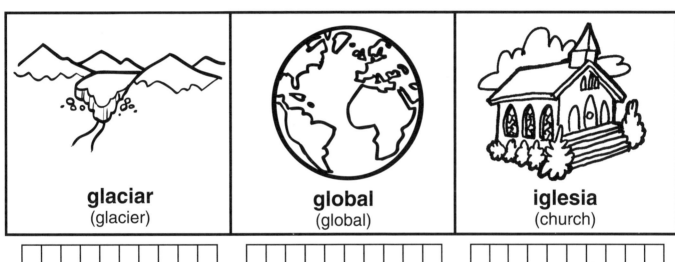

**glaciar**
(glacier)

**global**
(global)

**iglesia**
(church)

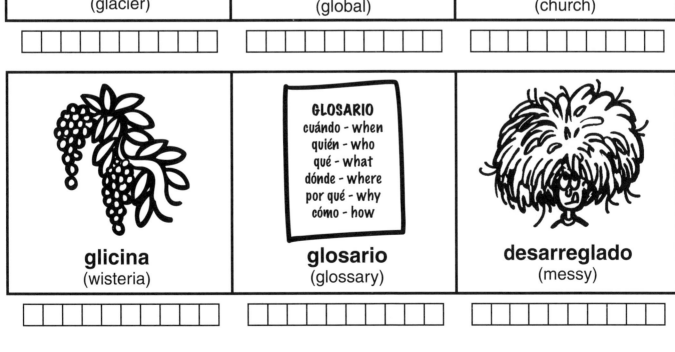

**glicina**
(wisteria)

**glosario**
(glossary)

**desarreglado**
(messy)

Nombre/Name          Fecha/Date          Firma del Ayudante/Helper's Signature

# L Blends - PL Blends

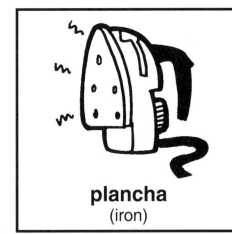

**plancha**
(iron)

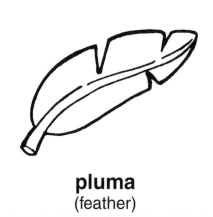

**pluma**
(feather)

**planta**
(plant)

**platos**
(dishes)

**playa**
(beach)

**plomero**
(plumber)

**planeta**
(planet)

**plátano**
(banana/plantain)

**planeador**
(glider)

Nombre/Name          Fecha/Date          Firma del Ayudante/Helper's Signature

# L Blends - FL Blends

| | | |
|---|---|---|
| **flor** (flower) | **flan** (flan) | **flauta** (flute) |
| **flores** (flowers) | **flaca** (lean, thin) | **flama** (flame) |
| **florero** (vase) | **flamenco** (flamingo) | **desinflado** (flat) |

Nombre/Name

Fecha/Date

Firma del Ayudante/Helper's Signature

# L Blends - CL Blends

**clase**
(class)

**clavo**
(nail)

**chicle**
(chewing gum)

**clavel**
(carnation)

**cliente**
(customer)

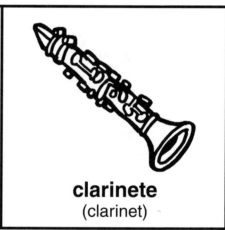

**clarinete**
(clarinet)

**bicicleta**
(bicycle)

**clientela**
(customers)

**motocicleta**
(motorcycle)

Nombre/Name          Fecha/Date          Firma del Ayudante/Helper's Signature

BK-328 Webber® Spanish Articulation Picture Book  •  ©2006 Super Duper® Publications  •  1-800-277-8737  •  www.superduperinc.com

# La Playa
## (The Beach)

**Instrucciones:** Coloree y corte las conchas. El estudiante necesita decir _____
antes de pegar las conchas en la playa.

(Instructions: Color and cut out the shells. Have the child say _____ before gluing the
shells on the beach.)

_____          _____
Nombre/Name                    Fecha/Date          Firma del Ayudante/Helper's Signature

# Las Plumas
## (The Feathers)

**Instrucciones:** Coloree y corte las plumas.  El estudiante necesita decir _____ antes de pegarle las plumas al pájaro.

(Instructions: Color and cut out the feathers.  Have the child say _____ before gluing the feathers on the bird.)

_____          _____
Nombre/Name                    Fecha/Date          Firma del Ayudante/Helper's Signature

BK-328 Webber® Spanish Articulation Picture Book  •  ©2006 Super Duper® Publications  •  1-800-277-8737  •  www.superduperinc.com

# El Tigre

# T Sound - Prevocalic (Initial)
## 1-2 Syllable Words

**Instrucciones/Instructions:** _____

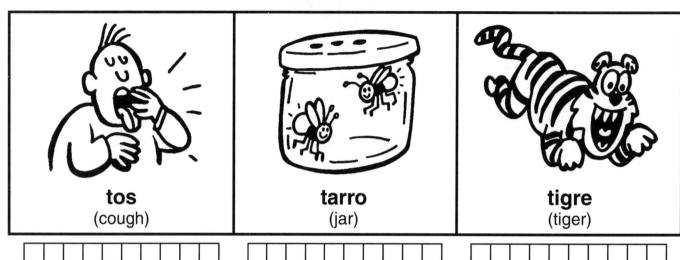

**tos**
(cough)

**tarro**
(jar)

**tigre**
(tiger)

**termos**
(thermoses)

**tienda**
(store)

**toro**
(bull)

**talón**
(heel)

**taller**
(workshop)

**tocar**
(to touch)

Nombre/Name      Fecha/Date      Firma del Ayudante/Helper's Signature

BK-328 Webber® Spanish Articulation Picture Book • ©2006 Super Duper® Publications • 1-800-277-8737 • www.superduperinc.com

# T Sound - Prevocalic (Medial)
## 2 Syllable Words

Instrucciones/Instructions: _____

**suéter**
(sweater)

**frutas**
(fruits)

**siete**
(seven)

**flauta**
(flute)

**platos**
(dishes)

**foto**
(picture)

**nieta**
(granddaughter)

**pitón**
(python)

**votar**
(to vote)

_____    _____    _____
Nombre/Name          Fecha/Date           Firma del Ayudante/Helper's Signature

# T Sound - Prevocalic (Initial)
## 3 Syllable Words

Instrucciones/Instructions: _____

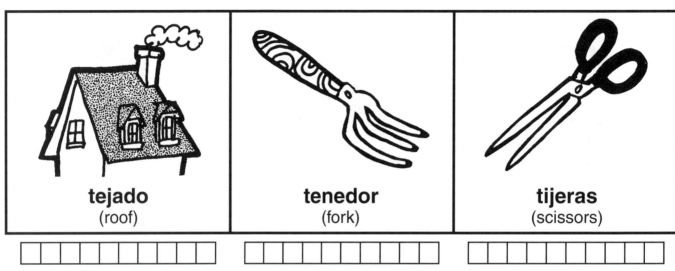

**tejado**
(roof)

**tenedor**
(fork)

**tijeras**
(scissors)

**tortuga**
(turtle)

**turista**
(tourist)

**toronja**
(grapefruit)

**tesoro**
(treasure)

**tormenta**
(storm)

**tomates**
(tomatoes)

Nombre/Name          Fecha/Date          Firma del Ayudante/Helper's Signature

BK-328 Webber® Spanish Articulation Picture Book • ©2006 Super Duper® Publications • 1-800-277-8737 • www.superduperinc.com

# T Sound - Prevocalic (Initial)
## 3 Syllable Words

**Instrucciones/Instructions:** _____

**tulipán**
(tulip)

**toalla**
(towel)

**tímida**
(shy)

**tercero**
(third)

**terapia**
(therapy)

**teatro**
(theater)

**ternero**
(calf)

**terraza**
(veranda)

**tocino**
(bacon)

Nombre/Name      Fecha/Date      Firma del Ayudante/Helper's Signature

# T Sound - Prevocalic (Medial)
## 3 Syllable Words

**Instrucciones/Instructions:** _____

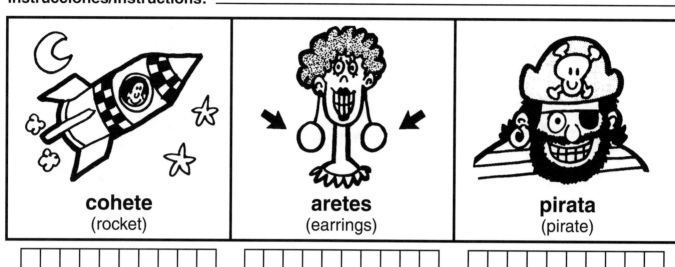

**cohete**
(rocket)

**aretes**
(earrings)

**pirata**
(pirate)

**turista**
(tourist)

**guitarra**
(guitar)

**matador**
(matador)

**calcetín**
(sock)

**gaviota**
(sea gull)

**receta**
(recipe)

Nombre/Name          Fecha/Date          Firma del Ayudante/Helper's Signature

BK-328 Webber® Spanish Articulation Picture Book • ©2006 Super Duper® Publications • 1-800-277-8737 • www.superduperinc.com

# T Sound - Prevocalic (Medial)
## 3 Syllable Words

**autobús**
(bus)

**ratones**
(mice)

**patines**
(skates)

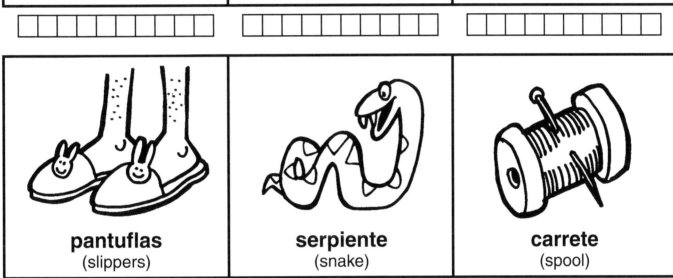

**pantuflas**
(slippers)

**serpiente**
(snake)

**carrete**
(spool)

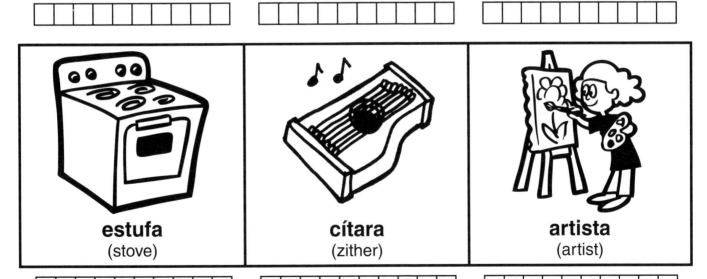

**estufa**
(stove)

**cítara**
(zither)

**artista**
(artist)

Nombre/Name          Fecha/Date          Firma del Ayudante/Helper's Signature

**T Sound** 147

# T Sound - Prevocalic (Medial)
## 3 Syllable Words

Instrucciones/Instructions: _____

**piloto**
(pilot)

**violetas**
(violets)

**pelota**
(ball)

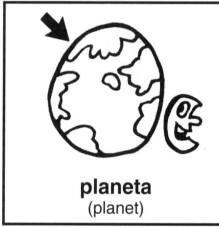  

**planeta**
(planet)

**zapato**
(shoe)

**bigote**
(mustache)

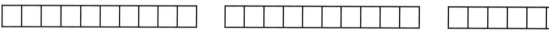

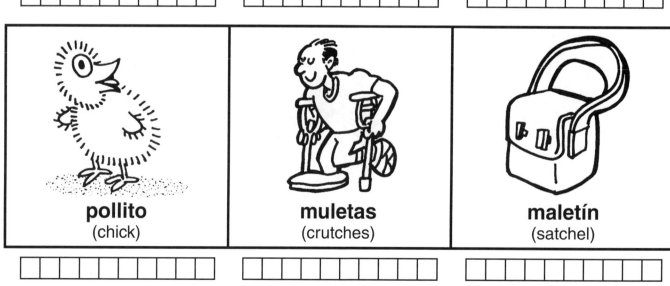

**pollito**
(chick)

**muletas**
(crutches)

**maletín**
(satchel)

Nombre/Name _____  Fecha/Date _____  Firma del Ayudante/Helper's Signature

BK-328 Webber® Spanish Articulation Picture Book • ©2006 Super Duper® Publications • 1-800-277-8737 • www.superduperinc.com

# T Sound - Prevocalic (Medial)
## 3 Syllable Words

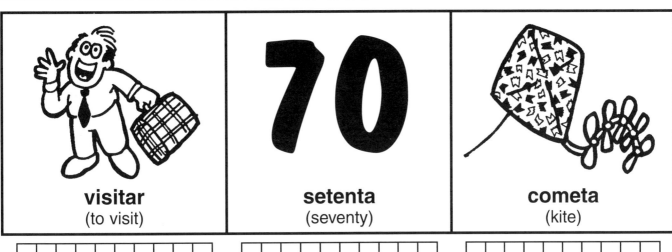

**visitar**
(to visit)

**setenta**
(seventy)

**cometa**
(kite)

**botella**
(bottle)

**corbata**
(tie)

**tostada**
(toast)

**juguetes**
(toys)

**gatito**
(kitten)

**mitones**
(mittens)

Nombre/Name          Fecha/Date          Firma del Ayudante/Helper's Signature

# T Sound - Prevocalic (Medial)
## 4 Syllable Words

**Instrucciones/Instructions:** _____

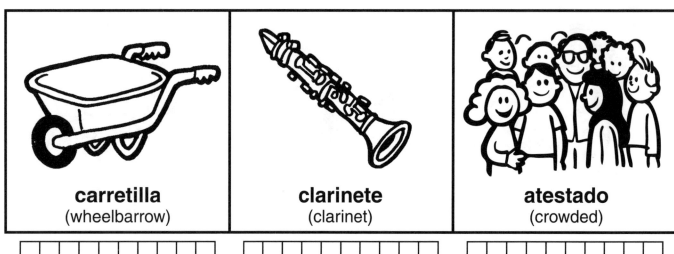

**carretilla**
(wheelbarrow)

**clarinete**
(clarinet)

**atestado**
(crowded)

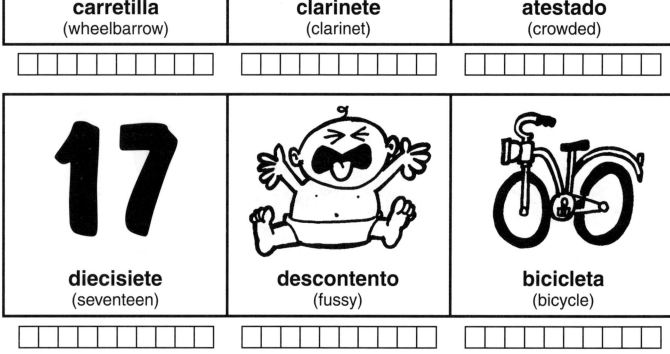

**diecisiete**
(seventeen)

**descontento**
(fussy)

**bicicleta**
(bicycle)

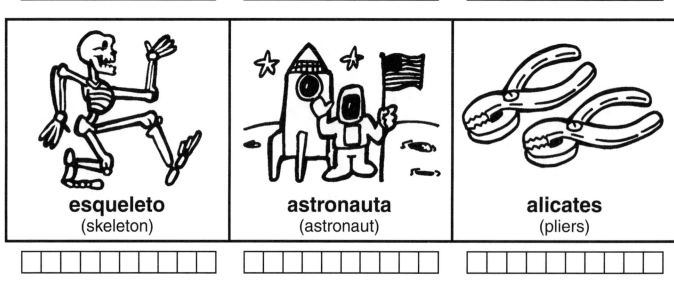

**esqueleto**
(skeleton)

**astronauta**
(astronaut)

**alicates**
(pliers)

Nombre/Name                    Fecha/Date                    Firma del Ayudante/Helper's Signature

BK-328 Webber® Spanish Articulation Picture Book • ©2006 Super Duper® Publications • 1-800-277-8737 • www.superduperinc.com

# T Sound - Prevocalic (Medial)
## 4 Syllable Words

Instrucciones/Instructions: _____

**pegamento**
(glue)

**invitación**
(invitation)

**chocolate**
(chocolate)

**majestuoso**
(majestic)

**alfabeto**
(alphabet)

**estudiante**
(student)

**aceituna**
(olive)

**caminata**
(hike)

**escritorio**
(desk)

Nombre/Name                    Fecha/Date                    Firma del Ayudante/Helper's Signature

# T Sound - Prevocalic (Medial)
## 4⁺ Syllable Words

**servilleta**
(napkin)

**rinoceronte**
(rhinoceros)

**motocicleta**
(motorcycle)

**hipopótamo**
(hippopotamus)

**afeitándose**
(shaving)

**melocotones**
(peaches)

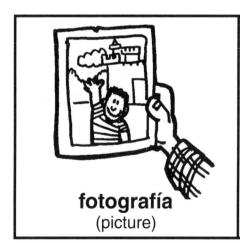

**fotografía**
(picture)

**estetoscopio**
(stethoscope)

$$2+2=4$$
$$6-1=5$$
$$3×3=9$$

**matemáticas**
(mathematics)

# Los Pilotos
## (The Pilots)

**Instrucciones:** Coloree y corte los pilotos.  El estudiante necesita decir _____
antes de pegarle los pilotos a los aviones.

(Instructions: Color and cut out the pilots.  Have the child say _____ before gluing the
 pilots in the airplanes.)

| | |
|---|---|
| Nombre/Name | Fecha/Date |

Firma del Ayudante/Helper's Signature

# Los Tulipanes
## (The Tulips)

**Instrucciones:** Coloree y corte los tulipanes.  El estudiante necesita decir _____ antes de pegar los tulipanes en el jardín.

(Instructions: Color and cut out the tulips.  Have the child say _____ before gluing the tulips in the garden.)

_____          _____

Nombre/Name                    Fecha/Date          Firma del Ayudante/Helper's Signature

BK-328 Webber® Spanish Articulation Picture Book  •  ©2006 Super Duper® Publications  •  1-800-277-8737  •  www.superduperinc.com

# D

**El Delfín**

# D Sound - Prevocalic (Initial)
## 1-2 Syllable Words

**Instrucciones/Instructions:** _____

**dos**
(two)

**doctor**
(doctor)

**dólar**
(dollar)

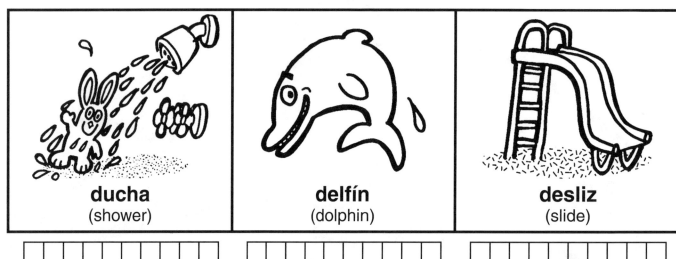

**ducha**
(shower)

**delfín**
(dolphin)

**desliz**
(slide)

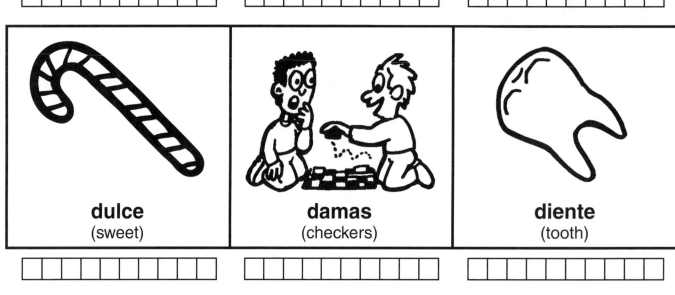

**dulce**
(sweet)

**damas**
(checkers)

**diente**
(tooth)

Nombre/Name _____ Fecha/Date _____ Firma del Ayudante/Helper's Signature

 BK-328 Webber® Spanish Articulation Picture Book • ©2006 Super Duper® Publications • 1-800-277-8737 • www.superduperinc.com

# D Sound - Prevocalic (Medial)
## 2 Syllable Words

Instrucciones/Instructions: _____

**hada**
(fairy)

**nadar**
(to swim)

**codo**
(elbow)

**rueda**
(wheel)

**boda**
(wedding)

**nido**
(nest)

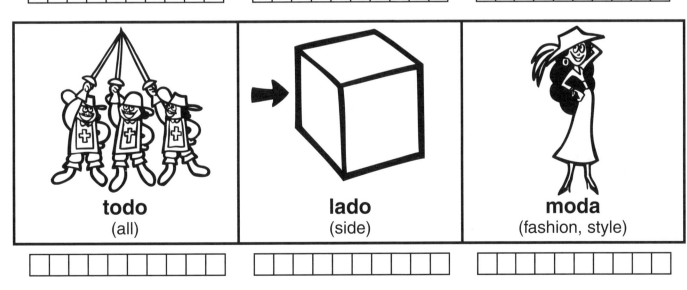

**todo**
(all)

**lado**
(side)

**moda**
(fashion, style)

Nombre/Name

Fecha/Date

Firma del Ayudante/Helper's Signature

# D Sound - Prevocalic (Initial)
## 3 Syllable Words

**Instrucciones/Instructions:** _____

**desfile**
(parade)

**dibujo**
(drawing)

**dirección**
(address)

*Eva Smith*
*66 Porpoise Pass*
*Dallas, Texas*

**durmiendo**
(sleeping)

**derramar**
(to spill)

**desierto**
(desert)

**docena**
(dozen)

**dibujar**
(to sketch)

**delgado**
(thin)

Nombre/Name          Fecha/Date          Firma del Ayudante/Helper's Signature

BK-328 Webber® Spanish Articulation Picture Book • ©2006 Super Duper® Publications • 1-800-277-8737 • www.superduperinc.com

# D Sound - Prevocalic (Medial)
## 3 Syllable Words

Instrucciones/Instructions: _____

**tejado**
(roof)

**redondo**
(round)

**rodillo**
(rolling pin)

**casados**
(married)

**cuadrado**
(square)

**matador**
(matador)

**vestido**
(dress)

**bailador**
(dancer)

**borrador**
(eraser)

_____     _____     _____
Nombre/Name                 Fecha/Date                  Firma del Ayudante/Helper's Signature

# D Sound - Prevocalic (Medial)
## 3 Syllable Words

Instrucciones/Instructions: _____

**salida**
(exit)

**ruidoso**
(noisy)

**medallón**
(locket)

**leñador**
(lumberjack)

**codorniz**
(quail)

**nevada**
(snowfall)

**cerrado**
(shut)

**tímida**
(shy)

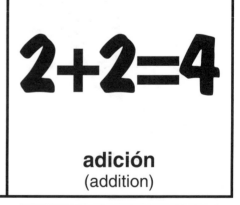

**adición**
(addition)

Nombre/Name          Fecha/Date          Firma del Ayudante/Helper's Signature

# D Sound - Prevocalic (Medial)
## 3 Syllable Words

Instrucciones/Instructions: _____

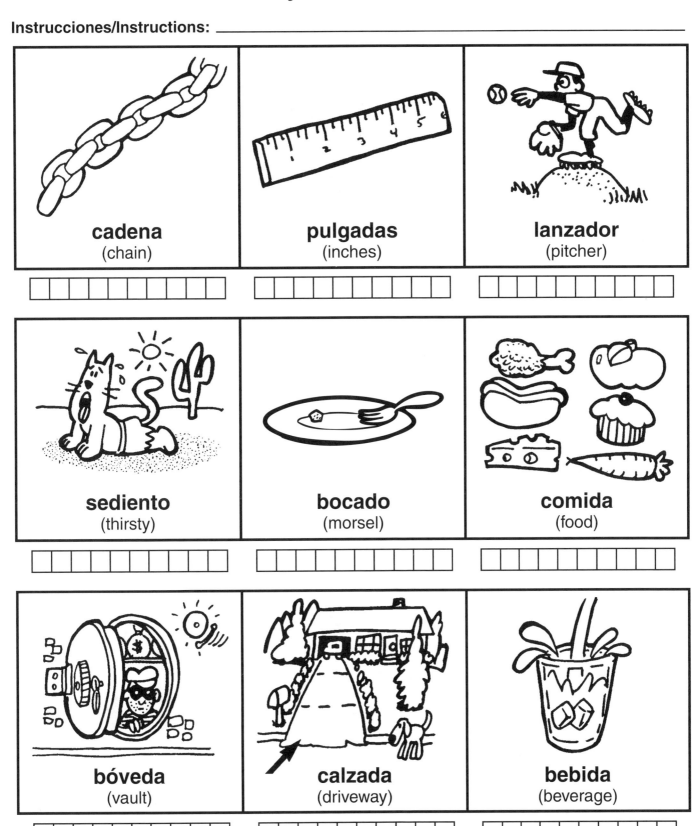

**cadena**
(chain)

**pulgadas**
(inches)

**lanzador**
(pitcher)

**sediento**
(thirsty)

**bocado**
(morsel)

**comida**
(food)

**bóveda**
(vault)

**calzada**
(driveway)

**bebida**
(beverage)

Nombre/Name _____    Fecha/Date _____    Firma del Ayudante/Helper's Signature

# D Sound - Prevocalic (Initial)
## 4 Syllable Words

**Instrucciones/Instructions:** _____

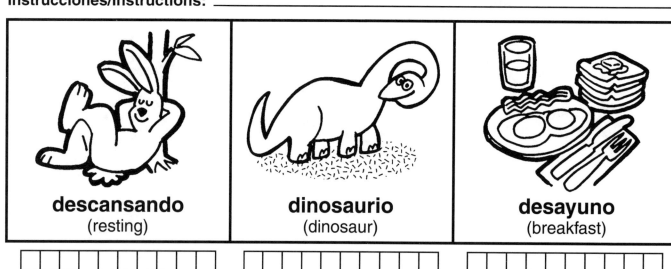

**descansando**
(resting)

**dinosaurio**
(dinosaur)

**desayuno**
(breakfast)

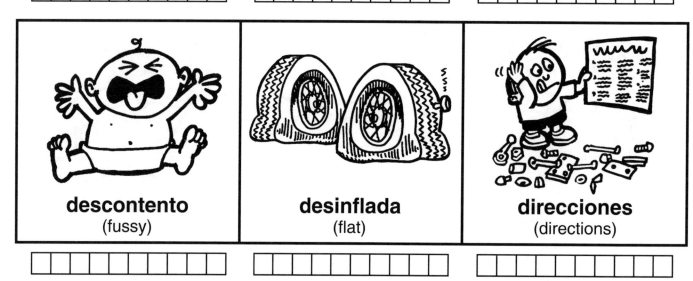

**descontento**
(fussy)

**desinflada**
(flat)

**direcciones**
(directions)

**desdentado**
(toothless)

**dulcería**
(candy shop)

**diecisiete**
(seventeen)

Nombre/Name          Fecha/Date          Firma del Ayudante/Helper's Signature

BK-328 Webber® Spanish Articulation Picture Book • ©2006 Super Duper® Publications • 1-800-277-8737 • www.superduperinc.com

# D Sound - Prevocalic (Medial)
## 4 Syllable Words

**Instrucciones/Instructions:** _____

**panadero**
(baker)

**periódico**
(newspaper)

**conduciendo**
(driving)

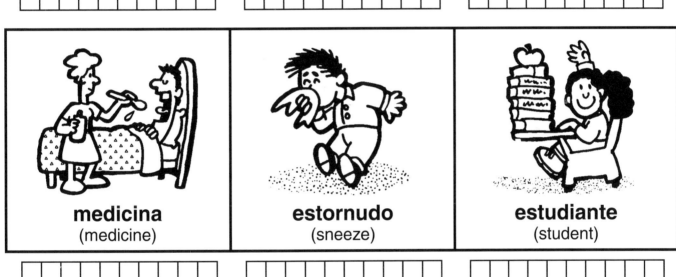

**medicina**
(medicine)

**estornudo**
(sneeze)

**estudiante**
(student)

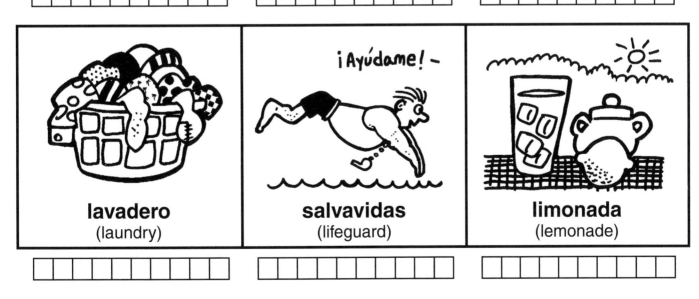

**lavadero**
(laundry)

¡Ayúdame! —

**salvavidas**
(lifeguard)

**limonada**
(lemonade)

Nombre/Name _____   Fecha/Date _____   Firma del Ayudante/Helper's Signature

# D Sound - Prevocalic (Medial)
## 4 Syllable Words

**Instrucciones/Instructions:** _____

**almohada**
(pillow)

**ensalada**
(salad)

**calendario**
(calendar)

**ojeada**
(glance)

**planeador**
(glider)

**herradura**
(horseshoe)

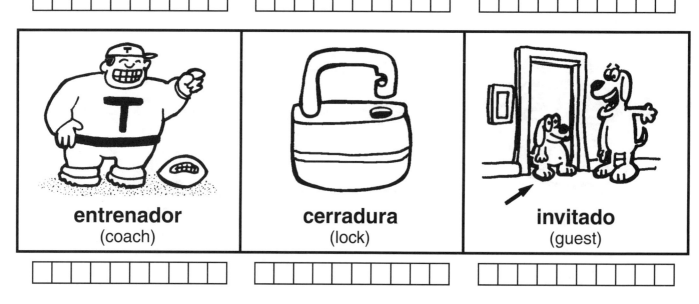

**entrenador**
(coach)

**cerradura**
(lock)

**invitado**
(guest)

Nombre/Name          Fecha/Date          Firma del Ayudante/Helper's Signature

BK-328 Webber® Spanish Articulation Picture Book • ©2006 Super Duper® Publications • 1-800-277-8737 • www.superduperinc.com

# D Sound - Prevocalic (Medial)
## 4<sup>+</sup> Syllable Words

**Instrucciones/Instructions:** _____

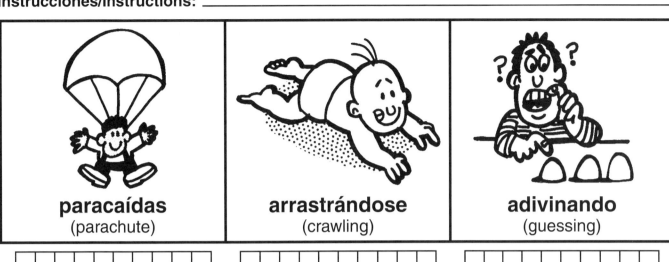

**paracaídas**
(parachute)

**arrastrándose**
(crawling)

**adivinando**
(guessing)

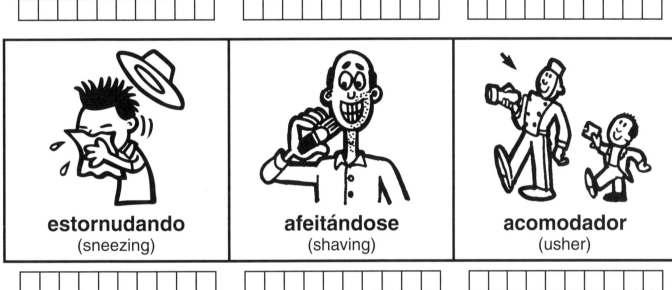

**estornudando**
(sneezing)

**afeitándose**
(shaving)

**acomodador**
(usher)

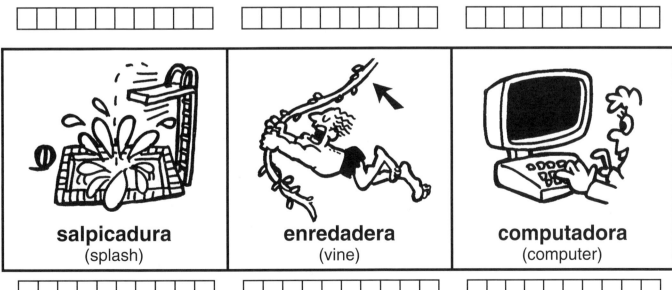

**salpicadura**
(splash)

**enredadera**
(vine)

**computadora**
(computer)

Nombre/Name _____  Fecha/Date _____  Firma del Ayudante/Helper's Signature

# Los Dulces
## (The Candy)

**Instrucciones:** Coloree y corte los dulces. El estudiante necesita decir _____ antes de pegar los dulces en la jarra.

(Instructions: Color and cut out the candy. Have the child say _____ before gluing the candy in the jar.)

_____     _____
Nombre/Name          Fecha/Date          Firma del Ayudante/Helper's Signature

*Los Dulces*

**D Sound**   BK-328 Webber® Spanish Articulation Picture Book • ©2006 Super Duper® Publications • 1-800-277-8737 • www.superduperinc.com

# La Nevada
## (The Snowfall)

**Instrucciones:** Coloree y corte los copos de nieve.  El estudiante necesita decir _____ antes de pegar los copos de nieve en la escena.

(Instructions: Color and cut out the snowflakes.  Have the child say _____ before gluing the snowflakes in the scene.)

_____          _____
Nombre/Name                    Fecha/Date               Firma del Ayudante/Helper's Signature

# Los Delfines
## (The Dolphins)

**Instrucciones:** Coloree y corte los delfines.  El estudiante necesita decir _____ antes de pegar los delfines en la agua.

(Instructions: Color and cut out the dolphins.  Have the child say _____ before gluing the dolphins in the water.)

_____          _____
Nombre/Name               Fecha/Date              Firma del Ayudante/Helper's Signature

**D Sound**   BK-328 Webber® Spanish Articulation Picture Book  •  ©2006 Super Duper® Publications  •  1-800-277-8737  •  www.superduperinc.com

# B

## El Barco

# B Sound - Prevocalic (Initial)
## 2 Syllable Words

Instrucciones/Instructions: _____

**balsa**
(raft)

**bolsa**
(purse)

**barba**
(beard)

**beber**
(to drink)

**venta**
(sale)

**béisbol**
(baseball)

**vista**
(eyesight)

**besar**
(to kiss)

**borrar**
(to erase)

Nombre/Name          Fecha/Date          Firma del Ayudante/Helper's Signature

**B Sound**    BK-328 Webber® Spanish Articulation Picture Book • ©2006 Super Duper® Publications • 1-800-277-8737 • www.superduperinc.com

# B Sound - Prevocalic (Initial)
## 2 Syllable Words

Instrucciones/Instructions: _____

**barrer**
(sweep)

**bebés**
(babies)

**violín**
(violin)

**vaso**
(glass)

**barco**
(ship)

**bagre**
(catfish)

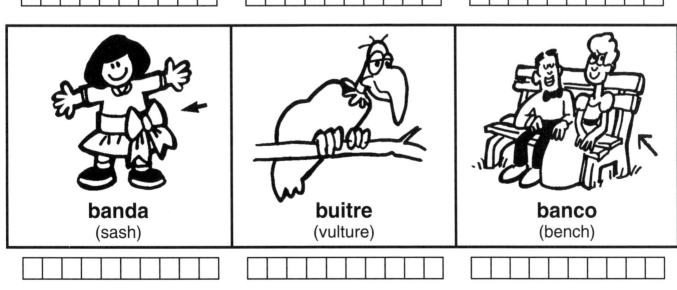

**banda**
(sash)

**buitre**
(vulture)

**banco**
(bench)

Nombre/Name _____ Fecha/Date _____ Firma del Ayudante/Helper's Signature

# B Sound - Prevocalic (Initial)
## 2 Syllable Words

**Instrucciones/Instructions:** _____

**baño**
(bath)

**boca**
(mouth)

**bosque**
(forest)

**velo**
(veil)

**votar**
(to vote)

**valle**
(valley)

**volcán**
(volcano)

**vaca**
(cow)

**bayas**
(berries)

Nombre/Name          Fecha/Date          Firma del Ayudante/Helper's Signature

BK-328 Webber® Spanish Articulation Picture Book • ©2006 Super Duper® Publications • 1-800-277-8737 • www.superduperinc.com

# B Sound - Prevocalic (Medial)
## 2 Syllable Words

**Instrucciones/Instructions:** _____

**lluvia**
(rain)

**llave**
(wrench)

**robot**
(robot)

**avión**
(airplane)

**pavo**
(turkey)

**llevar**
(to carry)

**cubo**
(bucket)

**uvas**
(grapes)

**jabón**
(soap)

Nombre/Name          Fecha/Date          Firma del Ayudante/Helper's Signature

# B Sound - Prevocalic (Medial)
## 2 Syllable Words

**Instrucciones/Instructions:** _____

| | | |
|---|---|---|
| **clavel** (carnation) | **nieve** (snow) | **caber** (to fit) |
| **labios** (lips) | **globo** (balloon) | **clavo** (nail) |
| **subir** (to climb) | **nube** (cloud) | **trébol** (clover) |

Nombre/Name     Fecha/Date     Firma del Ayudante/Helper's Signature

BK-328 Webber® Spanish Articulation Picture Book • ©2006 Super Duper® Publications • 1-800-277-8737 • www.superduperinc.com

# B Sound - Prevocalic (Initial)
## 3 Syllable Words

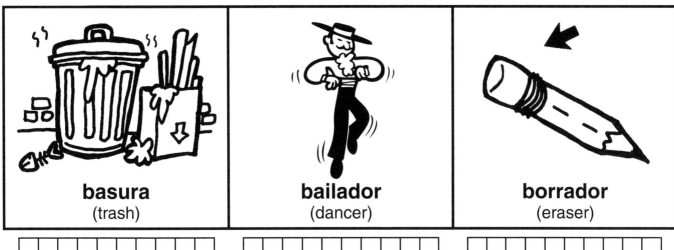

**basura**
(trash)

**bailador**
(dancer)

**borrador**
(eraser)

**bufanda**
(scarf)

**bananas**
(bananas)

**búfalo**
(buffalo)

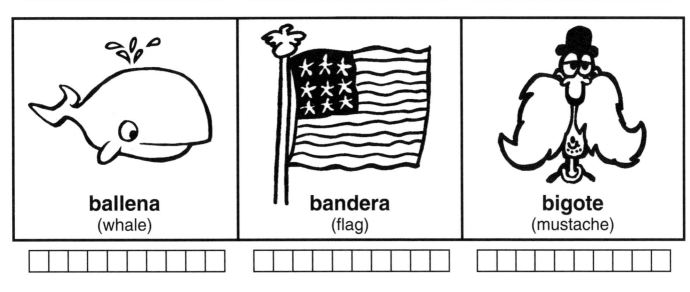

**ballena**
(whale)

**bandera**
(flag)

**bigote**
(mustache)

Nombre/Name          Fecha/Date          Firma del Ayudante/Helper's Signature

# B Sound - Prevocalic (Initial)
## 3 Syllable Words

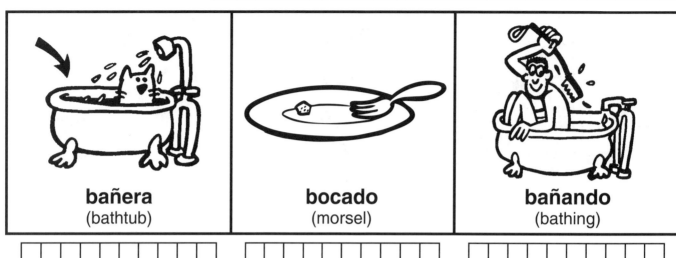

**bañera**
(bathtub)

**bocado**
(morsel)

**bañando**
(bathing)

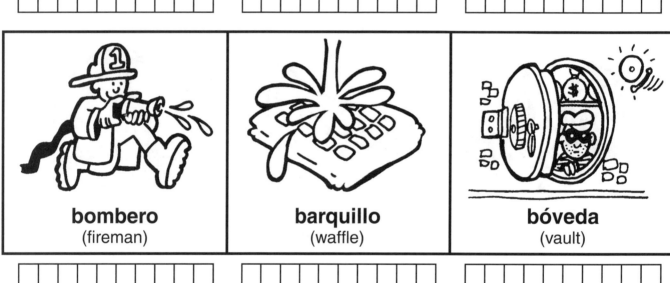

**bombero**
(fireman)

**barquillo**
(waffle)

**bóveda**
(vault)

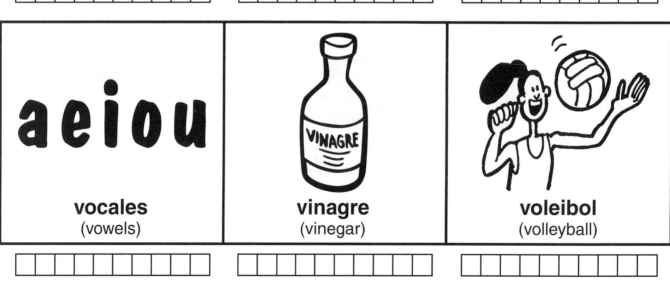

**vocales**
(vowels)

**vinagre**
(vinegar)

**voleibol**
(volleyball)

Nombre/Name        Fecha/Date        Firma del Ayudante/Helper's Signature

# B Sound - Prevocalic (Medial)
## 3 Syllable Words

Instrucciones/Instructions: _____

**rábano**
(radish)

**caballo**
(horse)

**caribú**
(caribou)

**escoba**
(broom)

**abuelos**
(grandparents)

**gaviota**
(seagull)

**autobús**
(bus)

**revista**
(magazine)

**oveja**
(sheep)

Nombre/Name _____  Fecha/Date _____  Firma del Ayudante/Helper's Signature

# B Sound - Prevocalic (Medial)
## 3 Syllable Words

**Instrucciones/Instructions:** _____

| | | |
|---|---|---|
| **dibujar** (to sketch) | **avestruz** (ostrich) | **abuelo** (grandfather) |

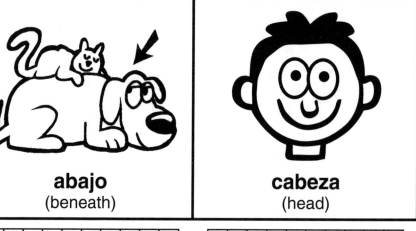

| | | |
|---|---|---|
| **abuela** (grandmother) | **abajo** (beneath) | **cabeza** (head) |

| | | |
|---|---|---|
| **bebida** (beverage) | **abeja** (bee) | **trabajo** (job) |

Nombre/Name          Fecha/Date          Firma del Ayudante/Helper's Signature

BK-328 Webber® Spanish Articulation Picture Book • ©2006 Super Duper® Publications • 1-800-277-8737 • www.superduperinc.com

# B Sound - Prevocalic (Initial)
## 4+ Syllable Words

**Instrucciones/Instructions:** _____

**bicicleta**
(bicycle)

**baloncesto**
(basketball)

**varicela**
(chicken pox)

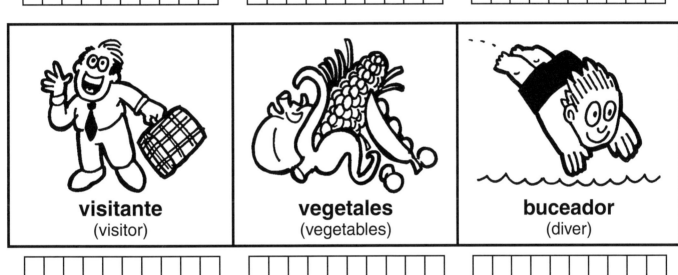

**visitante**
(visitor)

**vegetales**
(vegetables)

**buceador**
(diver)

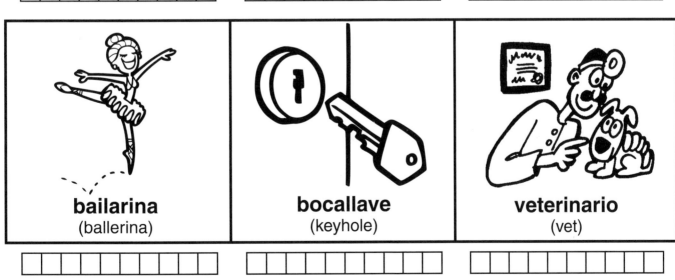

**bailarina**
(ballerina)

**bocallave**
(keyhole)

**veterinario**
(vet)

Nombre/Name          Fecha/Date          Firma del Ayudante/Helper's Signature

# B Sound - Prevocalic (Medial)
## 4+ Syllable Words

Instrucciones/Instructions: _____

**abogado**
(attorney)

**libélula**
(dragonfly)

**cabestrillo**
(sling)

**televisión**
(television)

**salvavidas**
(lifeguard)

¡Ayúdame!

**taburete**
(stool)

**calabaza**
(squash)

**malabarista**
(juggler)

**adivinando**
(guessing)

Nombre/Name

Fecha/Date

Firma del Ayudante/Helper's Signature

BK-328 Webber® Spanish Articulation Picture Book • ©2006 Super Duper® Publications • 1-800-277-8737 • www.superduperinc.com

# Los Barcos
## (The Ships)

**Instrucciones:** Coloree y corte los barcos.  El estudiante necesita decir _____ antes de pegar los barcos en el mar.

(Instructions: Color and cut out the ships.  Have the child say _____ before gluing the ships on the sea.)

_____        _____
Nombre/Name                        Fecha/Date        Firma del Ayudante/Helper's Signature

# Las Nubes
## (The Clouds)

**Instrucciones:** Coloree y corte las nubes.  El estudiante necesita decir _____ antes de pegar las nubes en el cielo.

(Instructions: Color and cut out the clouds.  Have the child say _____ before gluing the clouds in the sky.)

_____           _____
Nombre/Name                          Fecha/Date                 Firma del Ayudante/Helper's Signature

**B Sound**    BK-328 Webber® Spanish Articulation Picture Book  •  ©2006 Super Duper® Publications  •  1-800-277-8737  •  www.superduperinc.com

# P

## El Parque

# P Sound - Prevocalic (Initial)
## 1-2 Syllable Words

**Instrucciones/Instructions:** _____

**pan**
(bread)

**piel**
(skin)

**pez**
(fish)

**pies**
(feet)

**pasas**
(raisins)

**pavo**
(turkey)

**perlas**
(pearls)

**parque**
(park)

**puerta**
(door)

Nombre/Name _____    Fecha/Date _____    Firma del Ayudante/Helper's Signature _____

BK-328 Webber® Spanish Articulation Picture Book • ©2006 Super Duper® Publications • 1-800-277-8737 • www.superduperinc.com

# P Sound - Prevocalic (Initial)
## 2 Syllable Words

**Instrucciones/Instructions:** _____

**piso**
(floor)

**pelo**
(hair)

**pera**
(pear)

**padre**
(father)

**pintor**
(painter)

**puente**
(bridge)

**pecas**
(freckles)

**perro**
(dog)

**polo**
(popsicle®)

Nombre/Name          Fecha/Date          Firma del Ayudante/Helper's Signature

# P Sound - Prevocalic (Initial)
## 2 Syllable Words

**Instrucciones/Instructions:** _____

**pulpo**
(octopus)

**parar**
(to stop)

**postre**
(dessert)

**pastor**
(shepherd)

**pala**
(shovel)

**pollo**
(chicken)

**pasto**
(pasture)

**poncho**
(poncho)

**pesca**
(catch)

Nombre/Name _____    Fecha/Date _____    Firma del Ayudante/Helper's Signature

 BK-328 Webber® Spanish Articulation Picture Book • ©2006 Super Duper® Publications • 1-800-277-8737 • www.superduperinc.com

# P Sound - Prevocalic (Medial)
## 2 Syllable Words

**Instrucciones/Instructions:** _____

**apio**
(celery)

**grupo**
(group)

**sopa**
(soup)

**lápiz**
(pencil)

**sapo**
(toad)

**ropa**
(clothes)

**papa**
(potato)

**mapa**
(map)

**capa**
(cape)

Nombre/Name          Fecha/Date          Firma del Ayudante/Helper's Signature

# P Sound - Prevocalic (Initial)
## 3 Syllable Words

**Instrucciones/Instructions:** _____

**parientes**
(family)

**pájaro**
(bird)

**pirata**
(pirate)

**parasol**
(parasol)

**pantera**
(panther)

**pulsera**
(bracelet)

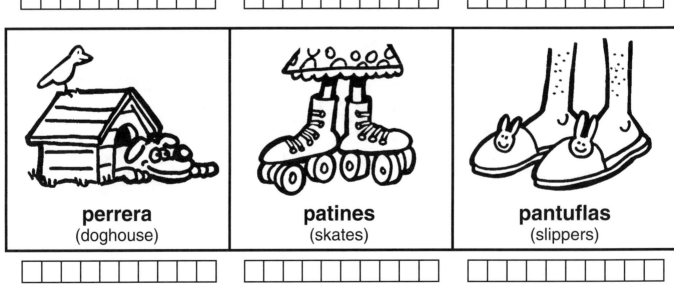

**perrera**
(doghouse)

**patines**
(skates)

**pantuflas**
(slippers)

Nombre/Name          Fecha/Date          Firma del Ayudante/Helper's Signature

BK-328 Webber® Spanish Articulation Picture Book • ©2006 Super Duper® Publications • 1-800-277-8737 • www.superduperinc.com

# P Sound - Prevocalic (Initial)
## 3 Syllable Words

**Instrucciones/Instructions:** _____

**pestañas**
(eyelashes)

**piloto**
(pilot)

**paraguas**
(umbrella)

**pelota**
(ball)

**piscina**
(pool)

**payaso**
(clown)

**pescando**
(fishing)

**perseguir**
(to chase)

**palillos**
(chopsticks)

Nombre/Name          Fecha/Date          Firma del Ayudante/Helper's Signature

# P Sound - Prevocalic (Medial)
## 3 Syllable Words

**Instrucciones/Instructions:** _____

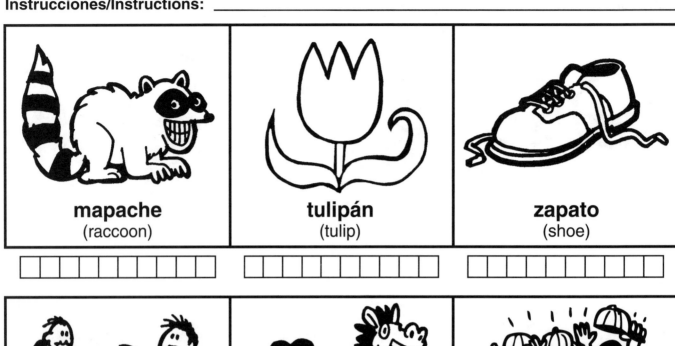

**mapache**
(raccoon)

**tulipán**
(tulip)

**zapato**
(shoe)

**terapia**
(therapy)

**galope**
(gallop)

**equipo**
(team)

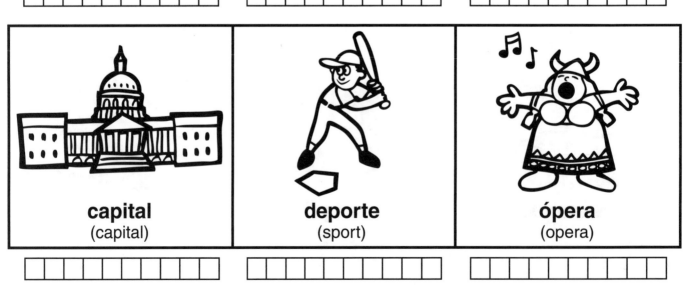

**capital**
(capital)

**deporte**
(sport)

**ópera**
(opera)

Nombre/Name       Fecha/Date       Firma del Ayudante/Helper's Signature

BK-328 Webber® Spanish Articulation Picture Book • ©2006 Super Duper® Publications • 1-800-277-8737 • www.superduperinc.com

# P Sound - Prevocalic (Medial)
## 4⁺ Syllable Words

**Instrucciones/Instructions:** _____

| **mariposa** (butterfly) | **leopardo** (leopard) | **equipaje** (luggage) |
| **cepillarse** (to brush) | **empapelar** (to wallpaper) | **antílope** (antelope) |

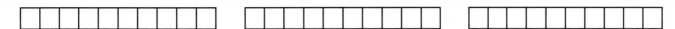

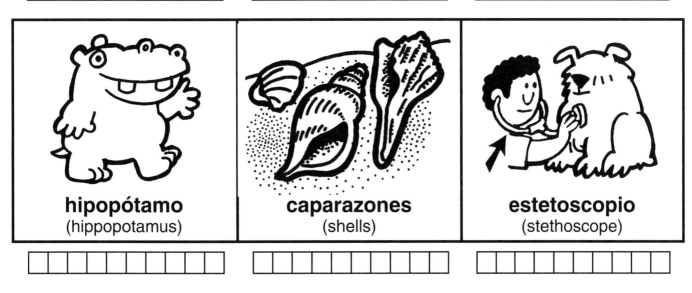

| **hipopótamo** (hippopotamus) | **caparazones** (shells) | **estetoscopio** (stethoscope) |

Nombre/Name          Fecha/Date          Firma del Ayudante/Helper's Signature

# P Sound - Prevocalic (Initial)
## 4⁺ Syllable Words

**Instrucciones/Instructions:** _____

**panecillo**
(roll)

**policía**
(police)

**pirámide**
(pyramid)

**panadero**
(baker)

**periódico**
(newspaper)

**peluquero**
(hairdresser)

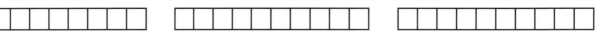

**pasajero**
(passenger)

**paracaídas**
(parachute)

**panadería**
(bakery)

Nombre/Name          Fecha/Date          Firma del Ayudante/Helper's Signature

BK-328 Webber® Spanish Articulation Picture Book • ©2006 Super Duper® Publications • 1-800-277-8737 • www.superduperinc.com

# P Sound - Prevocalic (Medial)
## 4+ Syllable Words

**microscopio**
(microscope)

**monopatín**
(skateboard)

**ocupada**
(busy, occupied)

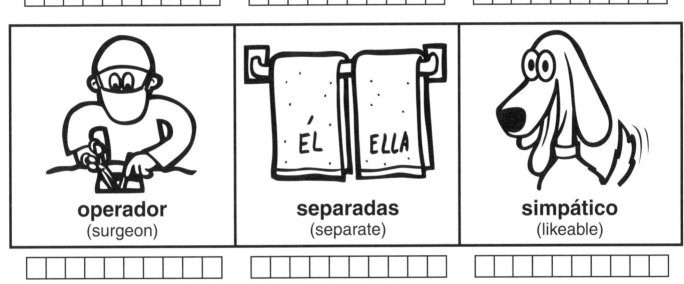

**operador**
(surgeon)

**separadas**
(separate)

**simpático**
(likeable)

**topografía**
(topography)

**oportunidad**
(opportunity)

**supermercado**
(supermarket)

Nombre/Name                    Fecha/Date                    Firma del Ayudante/Helper's Signature

# ¡Pies y Zapatos!
## (Feet and Shoes!)

**Instrucciones:** Coloree y corte los pies. El estudiante necesita decir _____ antes de pegar los pies en los zapatos.

(Instructions: Color and cut out the feet. Have the child say _____ before gluing the feet in the shoes.)

_____                    _____
Nombre/Name                    Fecha/Date           Firma del Ayudante/Helper's Signature

 BK-328 Webber® Spanish Articulation Picture Book  •  ©2006 Super Duper® Publications  •  1-800-277-8737  •  www.superduperinc.com

# Pájaros en el Parque
## (Birds in the Park)

**Instrucciones:** Coloree y corte los pájaros.  El estudiante necesita decir _____
antes de pegar los pájaros en el parque.

(Instructions: Color and cut out the birds.  Have the child say _____ before gluing the
 birds in the park.)

_____     _____
Nombre/Name              Fecha/Date          Firma del Ayudante/Helper's Signature

PARQUE

# La Panadería
## (The Bakery)

**Instrucciones:** Coloree y corte los panecillos. El estudiante necesita decir _____ antes de pegar los panecillos en la panadería.

(Instructions: Color and cut out the rolls. Have the child say _____ before gluing the rolls in the bakery.)

_____          _____
Nombre/Name                  Fecha/Date          Firma del Ayudante/Helper's Signature

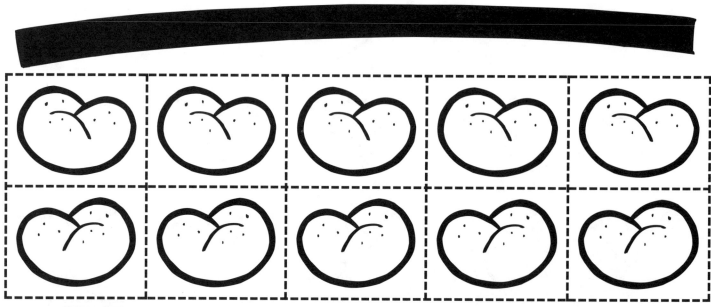

 BK-328 Webber® Spanish Articulation Picture Book • ©2006 Super Duper® Publications • 1-800-277-8737 • www.superduperinc.com

# La Tortuga

# G Sound - Prevocalic (Initial)
## 2 Syllable Words

**Instrucciones/Instructions:** _____

**gallo**
(rooster)

**gafas**
(glasses)

**ganso**
(goose)

**guantes**
(gloves)

**gato**
(cat)

**guarda**
(guard)

**galón**
(gallon)

**garra**
(claw, talon)

**gastar**
(to spend)

Nombre/Name    Fecha/Date    Firma del Ayudante/Helper's Signature

BK-328 Webber® Spanish Articulation Picture Book • ©2006 Super Duper® Publications • 1-800-277-8737 • www.superduperinc.com

# G Sound - Prevocalic (Medial)
## 2 Syllable Words

**Instrucciones/Instructions:** _____

| fuego (fire) | dragón (dragon) | lago (lake) |
| juego (game) | luego (later) | jugo (juice) |
| pago (payment) | mago (magician) | hogar (home) |

# G Sound - Prevocalic (Initial)
## 3 Syllable Words

Instrucciones/Instructions: _____

**gorila**
(gorilla)

**gusano**
(worm)

**guitarra**
(guitar)

**gaviota**
(sea gull)

**gacela**
(gazelle)

**galletas**
(cookies)

**golfista**
(golfer)

**galope**
(gallop)

**gatito**
(kitten)

Nombre/Name          Fecha/Date          Firma del Ayudante/Helper's Signature

**G Sound**   BK-328 Webber® Spanish Articulation Picture Book • ©2006 Super Duper® Publications • 1-800-277-8737 • www.superduperinc.com

# G Sound - Prevocalic (Medial)
## 3 Syllable Words

**Instrucciones/Instructions:** _____

**lagarto**
(lizard)

**tortuga**
(turtle)

**amigos**
(friends)

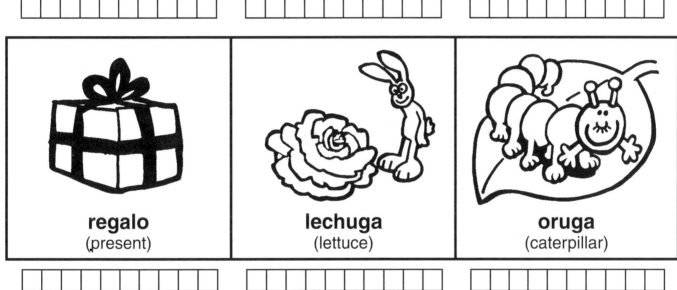

**regalo**
(present)

**lechuga**
(lettuce)

**oruga**
(caterpillar)

**paraguas**
(umbrella)

**jugando**
(playing)

**bigote**
(mustache)

Nombre/Name _____     Fecha/Date _____     Firma del Ayudante/Helper's Signature

# G Sound - Prevocalic (Initial)
## 4 Syllable Words

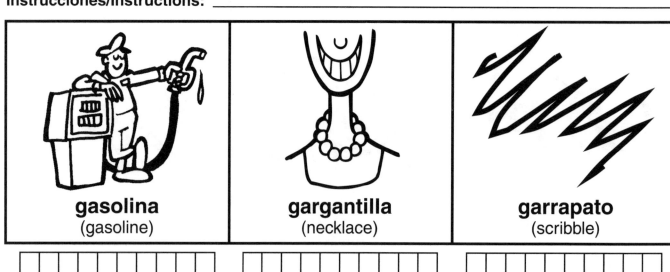

**gasolina**
(gasoline)

**gargantilla**
(necklace)

**garrapato**
(scribble)

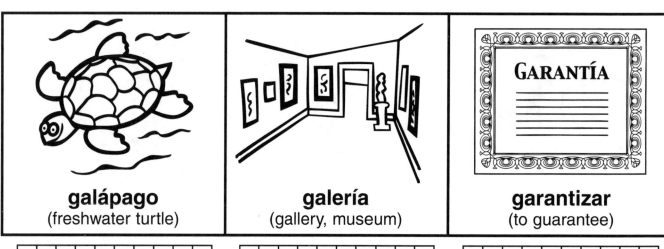

**galápago**
(freshwater turtle)

**galería**
(gallery, museum)

**garantizar**
(to guarantee)

GARANTÍA

**gobernador**
(governor)

**gondolero**
(gondolier)

**gusanillo**
(little worm)

Nombre/Name _____  Fecha/Date _____  Firma del Ayudante/Helper's Signature

# G Sound - Prevocalic (Medial)
## 4 Syllable Words

**Instrucciones/Instructions:** _____

| | | |
|---|---|---|
| **zoólogo** (zoologist) | **relámpago** (lightning) | **hormiguero** (anthill) |
| **pegamento** (glue) | **elegante** (glamorous) | **papagayo** (parrot) |
| **murciélago** (bat) | **abogado** (lawyer) | **aguamala** (jellyfish) |

Nombre/Name          Fecha/Date          Firma del Ayudante/Helper's Signature

# Los Gorilas
## (The Gorillas)

**Instrucciones:** Coloree y corte los gorilas.  El estudiante necesita decir _____ antes de pegar los gorilas en la selva.

(Instructions: Color and cut out the gorillas.  Have the child say _____ before gluing the gorillas to the jungle.)

_____     _____
Nombre/Name                    Fecha/Date          Firma del Ayudante/Helper's Signature

**G Sound**   BK-328 Webber® Spanish Articulation Picture Book  •  ©2006 Super Duper® Publications  •  1-800-277-8737  •  www.superduperinc.com

# Los Regalos
## (The Presents)

**Instrucciones:** Coloree y corte los regalos.  El estudiante necesita decir _____ antes de pegar los regalos en la mesa.

(Instructions: Color and cut out the presents.  Have the child say _____ before gluing the presents to the table.)

_____       _____
Nombre/Name              Fecha/Date            Firma del Ayudante/Helper's Signature

# Las Tortugas
## (The Turtles)

**Instrucciones:** Coloree y corte las tortugas. El estudiante necesita decir _____ antes de pegar las tortugas en la playa.

(Instructions: Color and cut out the turtles. Have the child say _____ before gluing the turtles to the beach.)

_____   _____
Nombre/Name            Fecha/Date        Firma del Ayudante/Helper's Signature

BK-328 Webber® Spanish Articulation Picture Book • ©2006 Super Duper® Publications • 1-800-277-8737 • www.superduperinc.com

# K

## El Cangrejo

# K Sound - Prevocalic (Initial)
## 1-2 Syllable Words

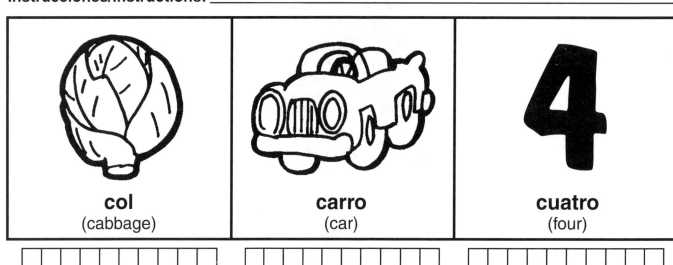

**col**
(cabbage)

**carro**
(car)

**cuatro**
(four)

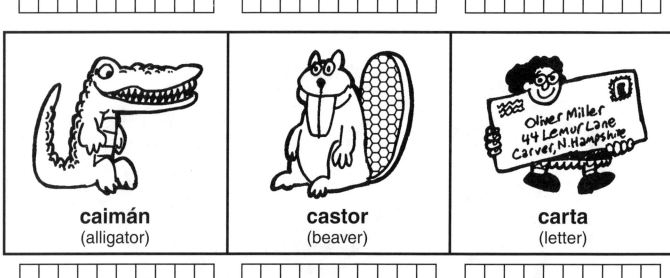

**caimán**
(alligator)

**castor**
(beaver)

**carta**
(letter)

**camión**
(truck)

**coser**
(to sew)

**cantar**
(to sing)

# K Sound - Prevocalic (Initial)
## 2 Syllable Words

**caja**
(box)

**cara**
(face)

**casa**
(house)

**colchón**
(mattress)

**caer**
(to fall)

**collar**
(collar)

**codo**
(elbow)

**queso**
(cheese)

**cala**
(calla lily)

Nombre/Name

Fecha/Date

Firma del Ayudante/Helper's Signature

# K Sound - Prevocalic (Initial)
## 2 Syllable Words

**Instrucciones/Instructions:** _____

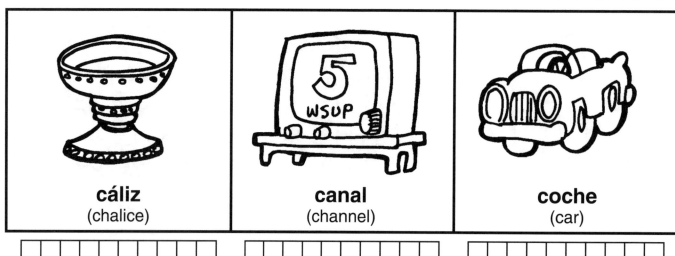

**cáliz**
(chalice)

**canal**
(channel)

**coche**
(car)

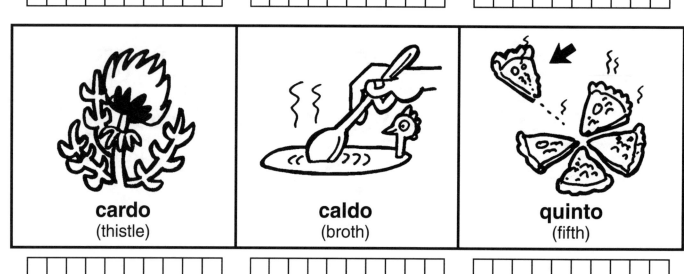

**cardo**
(thistle)

**caldo**
(broth)

**quinto**
(fifth)

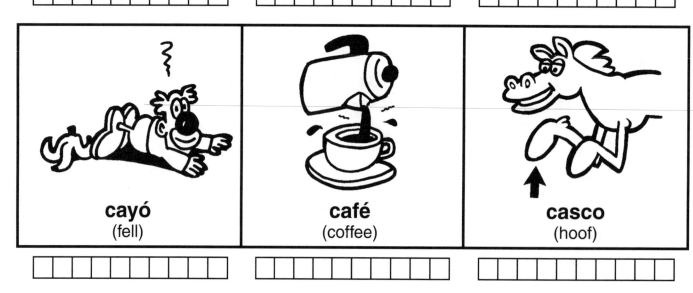

**cayó**
(fell)

**café**
(coffee)

**casco**
(hoof)

Nombre/Name _____ Fecha/Date _____ Firma del Ayudante/Helper's Signature _____

BK-328 Webber® Spanish Articulation Picture Book • ©2006 Super Duper® Publications • 1-800-277-8737 • www.superduperinc.com

# K Sound - Prevocalic (Medial)
## 2 Syllable Words

**roca**
(rock)

**parque**
(park)

**pecas**
(freckles)

**foca**
(seal)

**bloques**
(blocks)

**cheque**
(check)

PAGO Chuck Chandler $10⁰⁰
Diez — Dollars
BANCO DE ACME — Mimi Smith

**tocar**
(to touch)

**boca**
(mouth)

**vaca**
(cow)

# K Sound - Prevocalic (Initial)
## 3 Syllable Words

**Instrucciones/Instructions:** _____

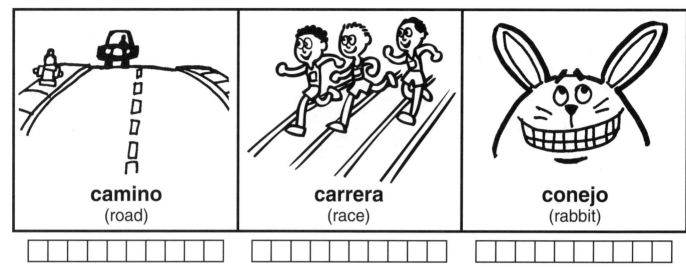

**camino**
(road)

**carrera**
(race)

**conejo**
(rabbit)

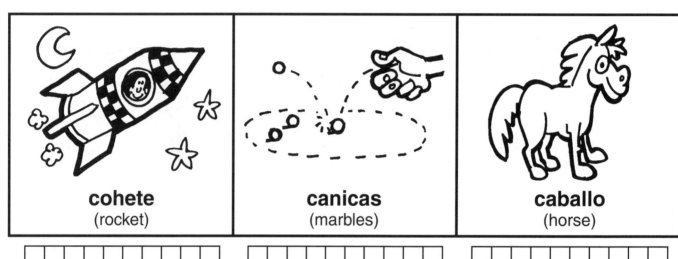

**cohete**
(rocket)

**canicas**
(marbles)

**caballo**
(horse)

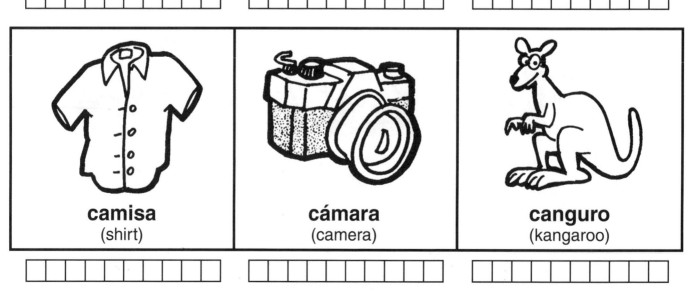

**camisa**
(shirt)

**cámara**
(camera)

**canguro**
(kangaroo)

Nombre/Name _____    Fecha/Date _____    Firma del Ayudante/Helper's Signature

 **K Sound** BK-328 Webber® Spanish Articulation Picture Book • ©2006 Super Duper® Publications • 1-800-277-8737 • www.superduperinc.com

# K Sound - Prevocalic (Initial)
## 3 Syllable Words

**Instrucciones/Instructions:** _____

**casados**
(married)

**caribú**
(caribou)

**cuadrado**
(square)

**cangrejo**
(crab)

**corona**
(crown)

**calcetín**
(sock)

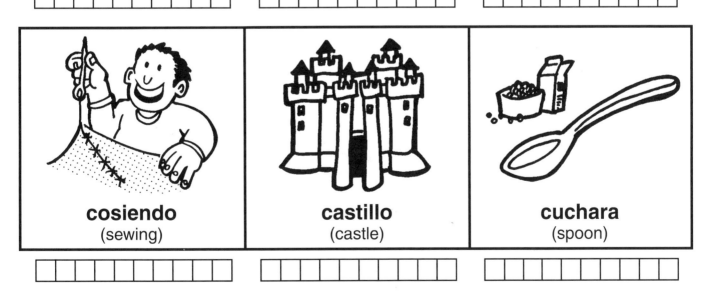

**cosiendo**
(sewing)

**castillo**
(castle)

**cuchara**
(spoon)

Nombre/Name          Fecha/Date          Firma del Ayudante/Helper's Signature

**Instrucciones/Instructions:** _____

**carrete**
(spool)

**columpiar**
(to swing)

**cartero**
(mail carrier)

**campana**
(bell)

**correo**
(mail)

**codorniz**
(quail)

**caracol**
(snail)

**camello**
(camel)

**cascarón**
(eggshell)

Nombre/Name      Fecha/Date      Firma del Ayudante/Helper's Signature

# K Sound - Prevocalic (Initial)
## 3 Syllable Words

**camarón**
(shrimp)

**cajera**
(cashier)

**cadena**
(chain)

**cacique**
(chief)

**campeón**
(champion)

**cortando**
(cutting)

**cocina**
(kitchen)

**camilla**
(stretcher)

**comida**
(food)

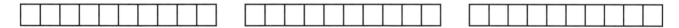

Nombre/Name          Fecha/Date          Firma del Ayudante/Helper's Signature

# K Sound - Prevocalic (Initial)
## 3 Syllable Words

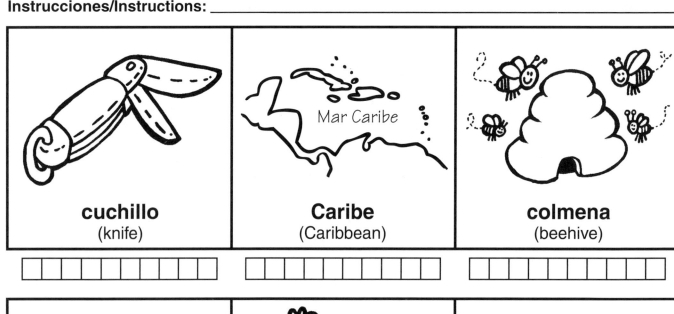

**cuchillo**
(knife)

**Caribe**
(Caribbean)

Mar Caribe

**colmena**
(beehive)

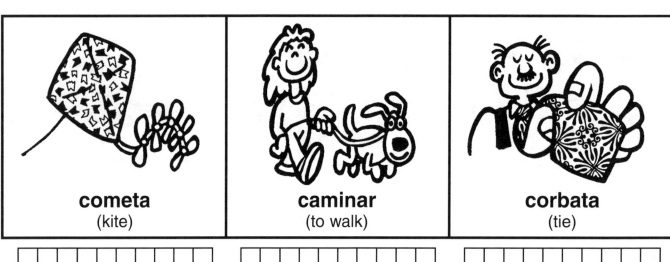

**cometa**
(kite)

**caminar**
(to walk)

**corbata**
(tie)

**cabaña**
(cottage)

**caliente**
(hot)

**cabeza**
(head)

Nombre/Name _____ Fecha/Date _____ Firma del Ayudante/Helper's Signature

# K Sound - Prevocalic (Medial)
## 3 Syllable Words

**morueco**
(ram)

**liquido**
(liquid)

**azúcar**
(sugar)

**tráfico**
(traffic)

**pequeño**
(small)

**músico**
(musician)

**música**
(music)

**muñeca**
(doll)

**picando**
(itching)

Nombre/Name

Fecha/Date

Firma del Ayudante/Helper's Signature

# K Sound - Prevocalic (Medial)
## 3 Syllable Words

**Instrucciones/Instructions:** _____

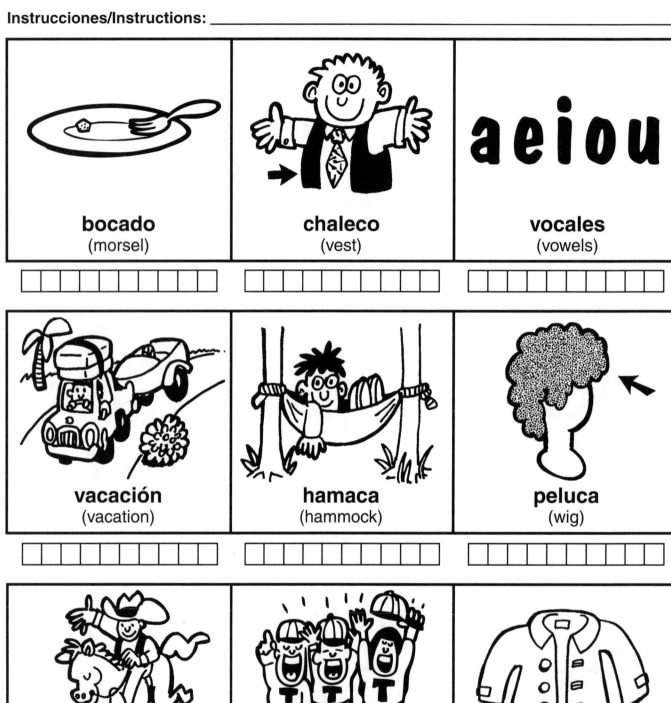

**bocado**
(morsel)

**chaleco**
(vest)

**vocales**
(vowels)

**vacación**
(vacation)

**hamaca**
(hammock)

**peluca**
(wig)

**vaquero**
(cowboy)

**equipo**
(team)

**chaqueta**
(jacket)

Nombre/Name          Fecha/Date          Firma del Ayudante/Helper's Signature

BK-328 Webber® Spanish Articulation Picture Book • ©2006 Super Duper® Publications • 1-800-277-8737 • www.superduperinc.com

# K Sound - Prevocalic (Initial)
## 4 Syllable Words

Instrucciones/Instructions: _____

**carretilla**
(wheelbarrow)

**comestibles**
(groceries)

**cocodrilo**
(crocodile)

**cacerola**
(casserole)

**camarera**
(waitress)

**cabestrillo**
(sling)

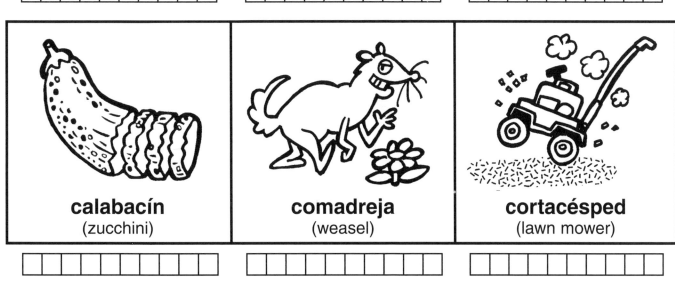

**calabacín**
(zucchini)

**comadreja**
(weasel)

**cortacésped**
(lawn mower)

Nombre/Name          Fecha/Date          Firma del Ayudante/Helper's Signature

# K Sound - Prevocalic (Medial)
## 4 Syllable Words

Instrucciones/Instructions: _____

**macarrones**
(macaroni)

**peluquero**
(hairdresser)

**equipaje**
(luggage)

**alicates**
(pliers)

**chocolate**
(chocolate)

**espinaca**
(spinach)

**película**
(film)

**acordeón**
(accordion)

**mantequilla**
(butter)

Nombre/Name          Fecha/Date          Firma del Ayudante/Helper's Signature

BK-328 Webber® Spanish Articulation Picture Book • ©2006 Super Duper® Publications • 1-800-277-8737 • www.superduperinc.com

# K Sound - Prevocalic (Initial)
## 4⁺ Syllable Words

**Instrucciones/Instructions:** _____

**calabaza**
(squash)

**cosquilloso**
(ticklish)

**condimento**
(condiment)

**carnicero**
(butcher)

**calendario**
(calendar)

**compartiendo**
(sharing)

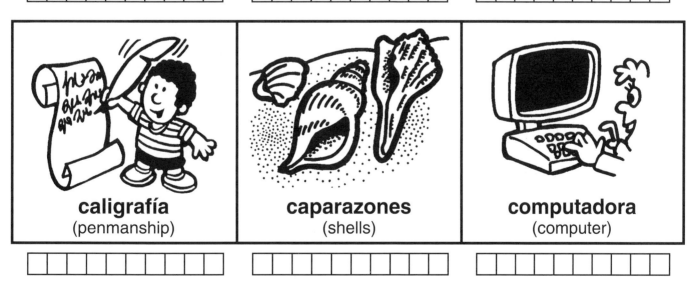

**caligrafía**
(penmanship)

**caparazones**
(shells)

**computadora**
(computer)

Nombre/Name          Fecha/Date          Firma del Ayudante/Helper's Signature

# K Sound - Prevocalic (Medial)
## 4+ Syllable Words

Instrucciones/Instructions: _____

**unicornio**
(unicorn)

**paracaídas**
(parachute)

**periódico**
(newspaper)

**helicóptero**
(helicopter)

**espectáculo**
(show)

**acomodador**
(usher)

**salpicadura**
(splash)

**melocotones**
(peaches)

**locomotora**
(locomotive)

Nombre/Name     Fecha/Date     Firma del Ayudante/Helper's Signature

# Las Cartas
## (The Letters)

**Instrucciones:** Coloree y corte las cartas.  El estudiante necesita decir _____ antes de pegar las cartas en los sobres.
(Instructions: Color and cut out the letters.  Have the child say _____ before gluing the letters on the envelopes.)

_____     _____
Nombre/Name          Fecha/Date          Firma del Ayudante/Helper's Signature

# Las Cucharas
## (The Spoons)

**Instrucciones:** Coloree y corte las cucharas. El estudiante necesita decir _____ antes de pegarle las cucharas a las escudillas.

(Instructions: Color and cut out the spoons. Have the child say _____ before gluing the spoons to the bowls.)

_____          _____
Nombre/Name              Fecha/Date          Firma del Ayudante/Helper's Signature

# N

## Las Nubes

# N Sound - Prevocalic (Initial)
## 2 Syllable Words

**Instrucciones/Instructions:** _____

**novia**
(bride)

**nieve**
(snow)

**nadar**
(to swim)

**nube**
(cloud)

**niña**
(girl)

**nieta**
(granddaughter)

**norte**
(north)

**nido**
(nest)

**nariz**
(nose)

Nombre/Name          Fecha/Date          Firma del Ayudante/Helper's Signature

 BK-328 Webber® Spanish Articulation Picture Book • ©2006 Super Duper® Publications • 1-800-277-8737 • www.superduperinc.com

# N Sound - Prevocalic (Medial)
## 2 Syllable Words

**rana**
(frog)

**canal**
(channel)

**trueno**
(thunder)

**piano**
(piano)

**cena**
(dinner)

**mano**
(hand)

**heno**
(hay)

**mono**
(monkey)

**luna**
(moon)

BK-328 Webber® Spanish Articulation Picture Book • ©2006 Super Duper® Publications • 1-800-277-8737 • www.superduperinc.com

**N Sound** 227

# N Sound - Prevocalic (Medial)
## 3 Syllable Words

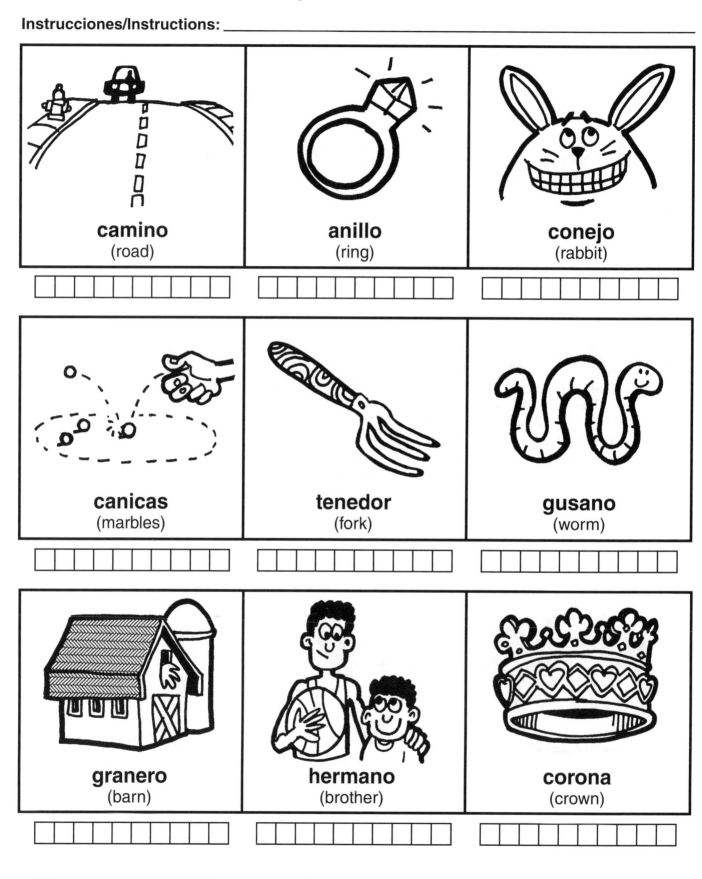

**camino**
(road)

**anillo**
(ring)

**conejo**
(rabbit)

**canicas**
(marbles)

**tenedor**
(fork)

**gusano**
(worm)

**granero**
(barn)

**hermano**
(brother)

**corona**
(crown)

## 3 Syllable Words

**Instrucciones/Instructions:** _____

**arena**
(sand)

**ratones**
(mice)

**patines**
(skates)

**trineo**
(sled)

**docena**
(dozen)

**campana**
(bell)

**piscina**
(pool)

**ballena**
(whale)

**planeta**
(planet)

Nombre/Name _____  Fecha/Date _____  Firma del Ayudante/Helper's Signature

# N Sound - Prevocalic (Medial)
## 3 Syllable Words

Instrucciones/Instructions: _____

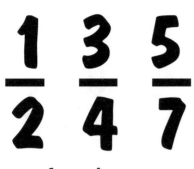

**fracciones**
(fractions)

**mitones**
(mittens)

**cocina**
(kitchen)

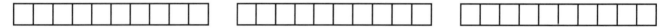

**sirena**
(mermaid)

**colmena**
(beehive)

**tocino**
(bacon)

**caminar**
(to walk)

**canasta**
(basket)

**vecinos**
(neighbors)

Nombre/Name          Fecha/Date          Firma del Ayudante/Helper's Signature

**Instrucciones/Instructions:** _____

**sonajero**
(rattle)

**panecillo**
(roll)

**zanahorias**
(carrots)

**bailarina**
(ballerina)

**macarrones**
(macaroni)

**panadero**
(baker)

**dinosaurio**
(dinosaur)

**marinero**
(sailor)

**desayuno**
(breakfast)

Nombre/Name     Fecha/Date     Firma del Ayudante/Helper's Signature

**Instrucciones/Instructions:** _____

**gasolina**
(gasoline)

☐☐☐☐☐☐☐☐☐☐

**medicina**
(medicine)

☐☐☐☐☐☐☐☐☐☐

**mocasines**
(moccasins)

☐☐☐☐☐☐☐☐☐☐

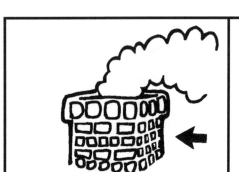

**chimenea**
(chimney)

☐☐☐☐☐☐☐☐☐☐

**oficina**
(office)

☐☐☐☐☐☐☐☐☐☐

**astronauta**
(astronaut)

☐☐☐☐☐☐☐☐☐☐

**alacena**
(closet)

☐☐☐☐☐☐☐☐☐☐

**animales**
(animals)

☐☐☐☐☐☐☐☐☐☐

**limonada**
(lemonade)

☐☐☐☐☐☐☐☐☐☐

Nombre/Name _____ Fecha/Date _____ Firma del Ayudante/Helper's Signature

 BK-328 Webber® Spanish Articulation Picture Book • ©2006 Super Duper® Publications • 1-800-277-8737 • www.superduperinc.com

# N Sound - Prevocalic (Medial)
## 4<sup>+</sup> Syllable Words

Instrucciones/Instructions: _____

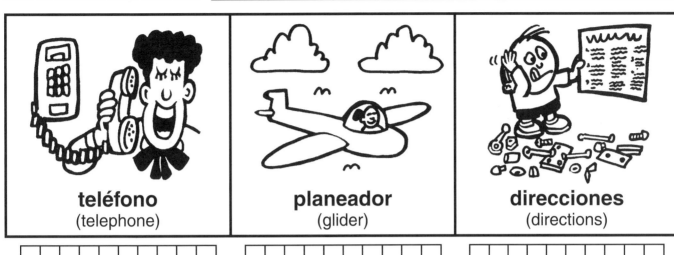

**teléfono**
(telephone)

**planeador**
(glider)

**direcciones**
(directions)

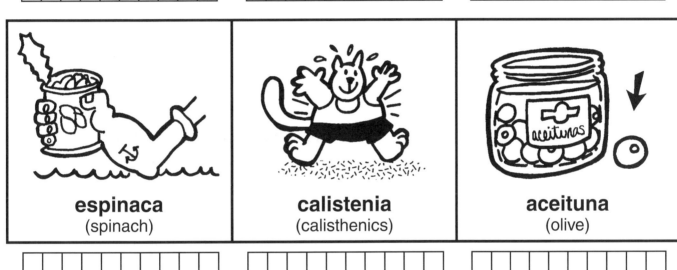

**espinaca**
(spinach)

**calistenia**
(calisthenics)

**aceituna**
(olive)

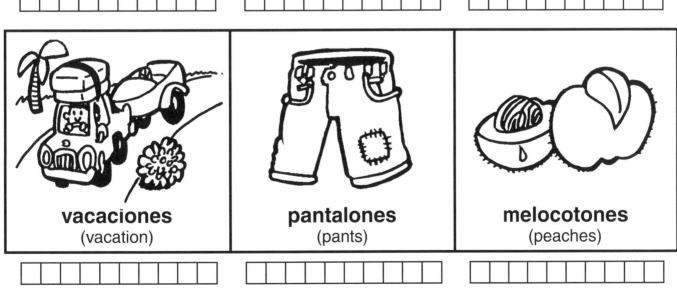

**vacaciones**
(vacation)

**pantalones**
(pants)

**melocotones**
(peaches)

Nombre/Name          Fecha/Date          Firma del Ayudante/Helper's Signature

# N Sound - Postvocalic (Final)
## 2 Syllable Words

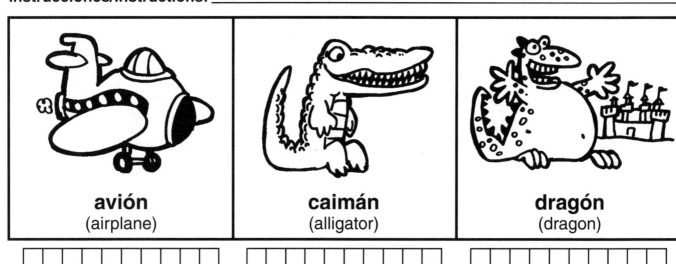

**avión**
(airplane)

**caimán**
(alligator)

**dragón**
(dragon)

**sartén**
(frying pan)

**camión**
(truck)

**jabón**
(soap)

**ratón**
(mouse)

**colchón**
(mattress)

**delfín**
(dolphin)

# N Sound - Postvocalic (Final)
## 2 Syllable Words

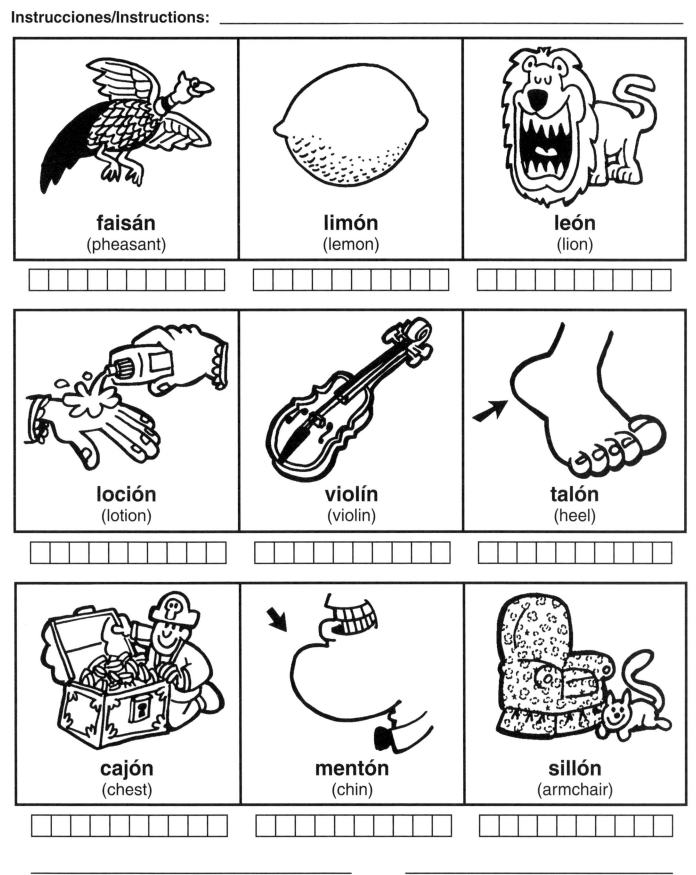

**faisán**
(pheasant)

**limón**
(lemon)

**león**
(lion)

**loción**
(lotion)

**violín**
(violin)

**talón**
(heel)

**cajón**
(chest)

**mentón**
(chin)

**sillón**
(armchair)

Nombre/Name          Fecha/Date          Firma del Ayudante/Helper's Signature

# N Sound - Postvocalic (Final)
## 3 Syllable Words

| **calcetín** (sock) | **dirección** (address) | **tulipán** (tulip) |

| **cascarón** (eggshell) | **campeón** (champion) | **maletín** (satchel) |

| **maratón** (marathon) | **colección** (collection) | **cinturón** (belt) |

# N Sound - Postvocalic (Medial & Final)
## 4 Syllable Words

**Instrucciones/Instructions:** _____

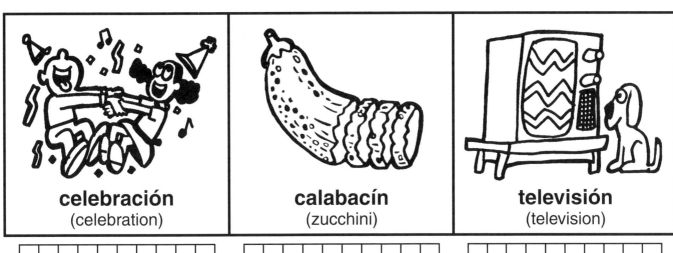

**celebración**
(celebration)

**calabacín**
(zucchini)

**televisión**
(television)

**invitación**
(invitation)

**acordeón**
(accordion)

**camaleón**
(chameleon)

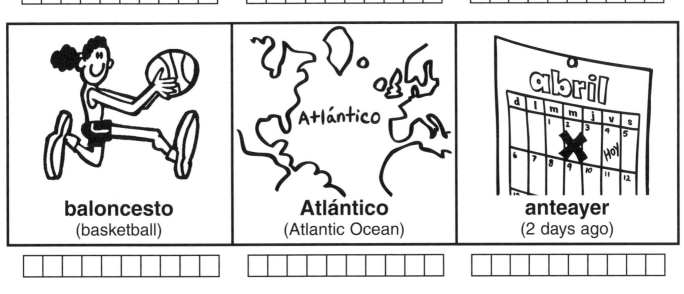

**baloncesto**
(basketball)

**Atlántico**
(Atlantic Ocean)

**anteayer**
(2 days ago)

# Las Zanahorias
## (The Carrots)

**Instrucciones:** Coloree y corte las zanahorias. El estudiante necesita decir _____ antes de pegar las zanahorias en el jardín.

(Instructions: Color and cut out the carrots. Have the child say _____ before gluing the carrots in the garden.)

_____     _____
Nombre/Name                    Fecha/Date          Firma del Ayudante/Helper's Signature

LAS ZANAHORIAS

**N Sound**  BK-328 Webber® Spanish Articulation Picture Book • ©2006 Super Duper® Publications • 1-800-277-8737 • www.superduperinc.com

# Las Naranjas
## (The Oranges)

**Instrucciones:** Coloree y corte las naranjas.  El estudiante necesita decir _____
antes de pegarle las naranjas al árbol.

(Instructions: Color and cut out the oranges.  Have the child say _____ before gluing the
 oranges to the tree.)

_____     _____
Nombre/Name                    Fecha/Date          Firma del Ayudante/Helper's Signature

# Los Ratones
## (The Mice)

**Instrucciones:** Coloree y corte los ratones. El estudiante necesita decir _____ antes de pegar los ratones en el queso.

(Instructions: Color and cut out the mice. Have the child say _____ before gluing the mice on the cheese.)

_____          _____
Nombre/Name          Fecha/Date          Firma del Ayudante/Helper's Signature

**N Sound**   BK-328 Webber® Spanish Articulation Picture Book • ©2006 Super Duper® Publications • 1-800-277-8737 • www.superduperinc.com

# ñ

## La Muñeca

# ñ Sound - Prevocalic (Medial)
## 2 Syllable Words

**Instrucciones/Instructions:** _____

**sueño**
(dream)

**ceño**
(frown)

**leño**
(log)

**niña**
(child)

**baño**
(bathtub)

**paño**
(cloth)

**puño**
(fist)

**pañal**
(diaper)

**cañón**
(canyon)

Nombre/Name          Fecha/Date          Firma del Ayudante/Helper's Signature

     BK-328 Webber® Spanish Articulation Picture Book • ©2006 Super Duper® Publications • 1-800-277-8737 • www.superduperinc.com

# ñ Sound - Prevocalic (Medial)
## 3 Syllable Words

**Instrucciones/Instructions:** _____

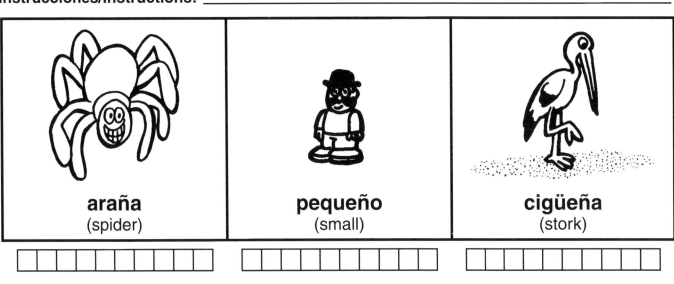

**araña**
(spider)

**pequeño**
(small)

**cigüeña**
(stork)

**leñador**
(lumberjack)

**pestañas**
(eyelashes)

**muñeca**
(doll)

**arañar**
(to scratch)

**enseñar**
(to teach)

**mañana**
(morning, tomorrow)

Nombre/Name _____   Fecha/Date _____   Firma del Ayudante/Helper's Signature _____

# El Leñador
## (The Lumberjack)

**Instrucciones:** Coloree y corte los leños.  El estudiante necesita decir _____ antes de pegarle los leños a los leñadores.

(Instructions: Color and cut out the logs.  Have the child say _____ before gluing the logs next to the lumberjacks.)

_____          _____
Nombre/Name          Fecha/Date          Firma del Ayudante/Helper's Signature

# Las Arañas
## (The Spiders)

**Instrucciones:** Coloree y corte las arañas. El estudiante necesita decir _____ antes de pegarle las arañas a la teleraña.

(Instructions: Color and cut out the spiders. Have the child say _____ before gluing the spiders to the web.)

_____     _____
Nombre/Name                Fecha/Date          Firma del Ayudante/Helper's Signature

# Las Muñecas
## (The Dolls)

**Instrucciones:** Coloree y corte las muñecas.  El estudiante necesita decir_____ antes de pegarle las muñecas a la mesa.

(Instructions: Color and cut out the dolls.  Have the child say _____ before gluing the dolls to the chairs.)

_____          _____

Nombre/Name                    Fecha/Date          Firma del Ayudante/Helper's Signature

**ñ Sound**          BK-328 Webber® Spanish Articulation Picture Book  •  ©2006 Super Duper® Publications  •  1-800-277-8737  •  www.superduperinc.com

# Las Montañas

# M Sound - Prevocalic (Initial)
## 1-2 Syllable Words

**Instrucciones/Instructions:** _____

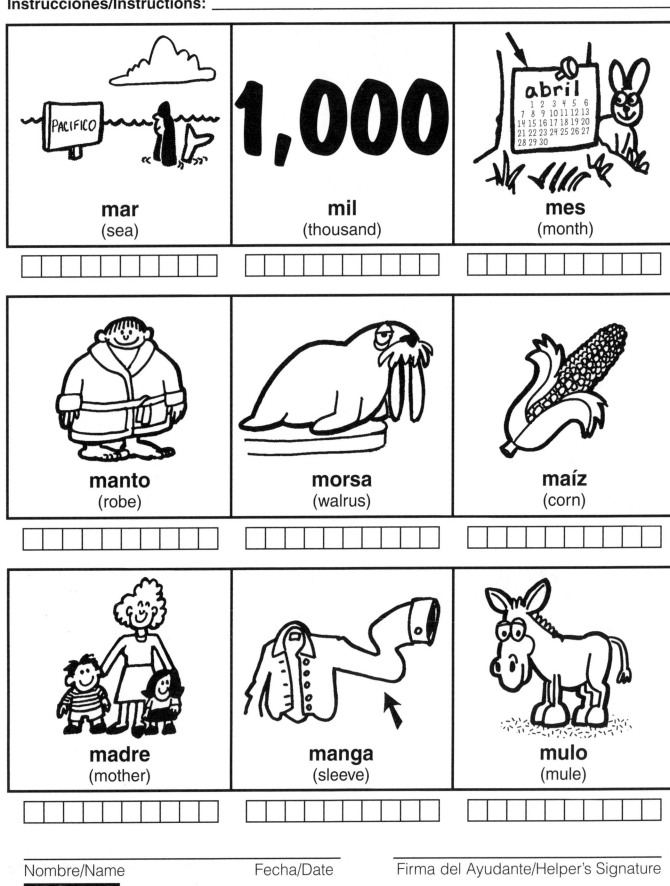

**mar**
(sea)

**mil**
(thousand)

**mes**
(month)

**manto**
(robe)

**morsa**
(walrus)

**maíz**
(corn)

**madre**
(mother)

**manga**
(sleeve)

**mulo**
(mule)

BK-328 Webber® Spanish Articulation Picture Book • ©2006 Super Duper® Publications • 1-800-277-8737 • www.superduperinc.com

# M Sound - Prevocalic (Initial)
## 2 Syllable Words

Instrucciones/Instructions: _____

**manta**
(blanket)

**mirlo**
(blackbird)

**mosca**
(fly)

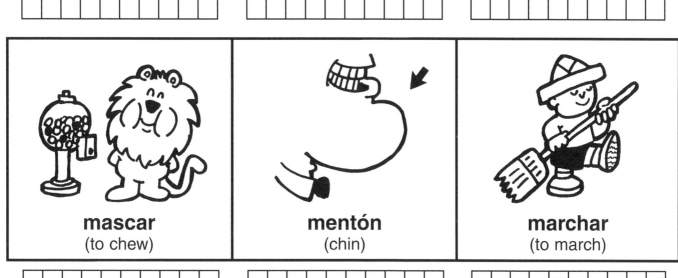

**mascar**
(to chew)

**mentón**
(chin)

**marchar**
(to march)

**mirar**
(to watch)

**muslo**
(thigh)

**mamut**
(mammoth)

Nombre/Name                    Fecha/Date                    Firma del Ayudante/Helper's Signature

# M Sound - Prevocalic (Medial)
## 2 Syllables Words

**caimán**
(alligator)

**pluma**
(feather)

**premio**
(prize)

**camión**
(truck)

**humo**
(smoke)

**prima**
(cousin)

**rama**
(limb)

**cama**
(bed)

**limón**
(lemon)

Nombre/Name                    Fecha/Date                    Firma del Ayudante/Helper's Signature

# M Sound - Prevocalic (Initial)
## 3 Syllable Words

Instrucciones/Instructions: _____

**morueco**
(ram)

**mapache**
(raccoon)

**muñeca**
(wrist)

**martillo**
(hammer)

**matador**
(matador)

**maestra**
(teacher)

**mensaje**
(message)

**músculo**
(muscle)

**músico**
(musician)

Nombre/Name  Fecha/Date  Firma del Ayudante/Helper's Signature

BK-328 Webber® Spanish Articulation Picture Book • ©2006 Super Duper® Publications • 1-800-277-8737 • www.superduperinc.com

**Instrucciones/Instructions:** _____

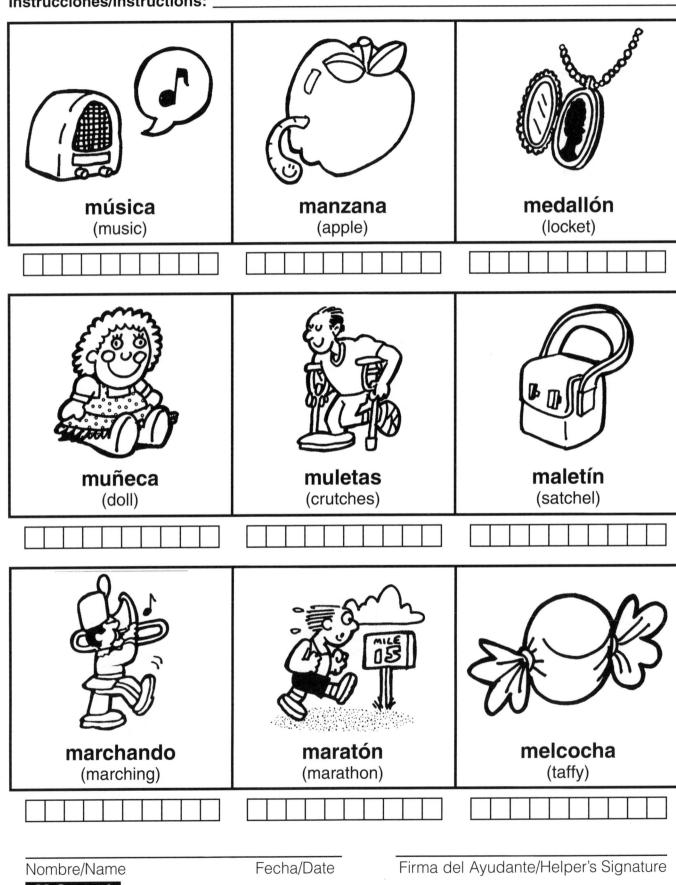

**música**
(music)

**manzana**
(apple)

**medallón**
(locket)

**muñeca**
(doll)

**muletas**
(crutches)

**maletín**
(satchel)

**marchando**
(marching)

**maratón**
(marathon)

**melcocha**
(taffy)

# M Sound - Prevocalic (Medial)
## 3 Syllable Words

Instrucciones/Instructions: _____

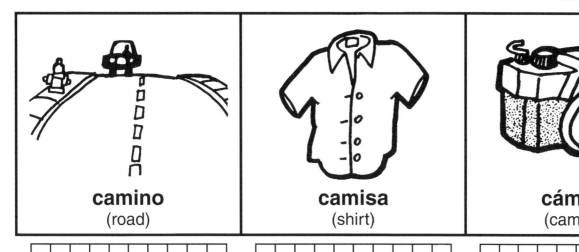

**camino**
(road)

**camisa**
(shirt)

**cámara**
(camera)

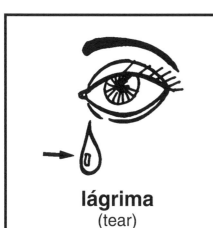

**lágrima**
(tear)

**plomero**
(plumber)

**hermano**
(brother)

**amigos**
(friends)

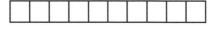

**tomates**
(tomatoes)

**almuerzo**
(lunch)

Nombre/Name          Fecha/Date          Firma del Ayudante/Helper's Signature

# M Sound - Prevocalic (Medial)
## 3 Syllable Words

**Instrucciones/Instructions:** _____

**camello**
(camel)

**flamenco**
(flamingo)

**camarón**
(shrimp)

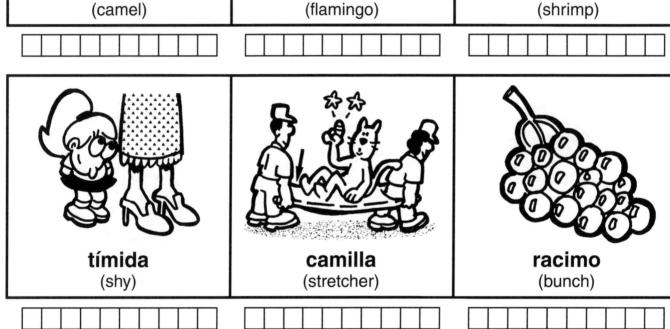

**tímida**
(shy)

**camilla**
(stretcher)

**racimo**
(bunch)

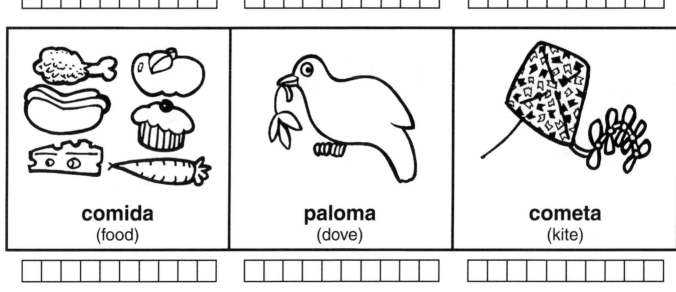

**comida**
(food)

**paloma**
(dove)

**cometa**
(kite)

Nombre/Name          Fecha/Date          Firma del Ayudante/Helper's Signature

BK-328 Webber® Spanish Articulation Picture Book • ©2006 Super Duper® Publications • 1-800-277-8737 • www.superduperinc.com

# M Sound - Prevocalic (Initial)
## 4<sup>+</sup> Syllable Words

**Instrucciones/Instructions:** _____

**mariposa**
(butterfly)

**marinero**
(sailor)

**medicina**
(medicine)

**mensajero**
(messenger)

**mocasines**
(moccasins)

**mantequilla**
(butter)

**murciélago**
(bat)

$$2+2=4$$
$$6-1=5$$
$$3\times3=9$$

**matemáticas**
(mathematics)

**malabarista**
(juggler)

Nombre/Name          Fecha/Date          Firma del Ayudante/Helper's Signature

BK-328 Webber® Spanish Articulation Picture Book • ©2006 Super Duper® Publications • 1-800-277-8737 • www.superduperinc.com

# M Sound - Prevocalic (Medial)
## 4 Syllable Words

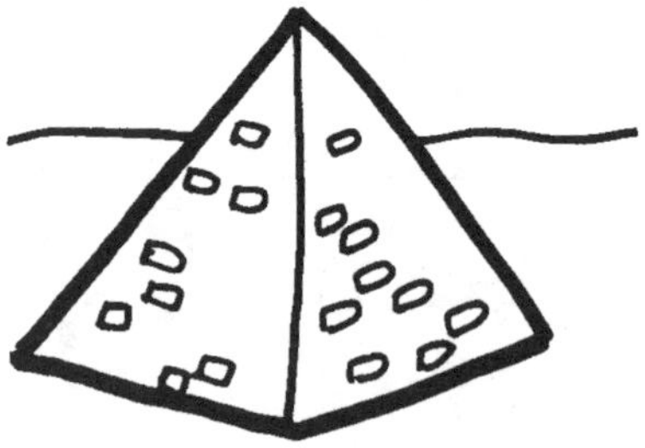

**pirámide**
(pyramid)

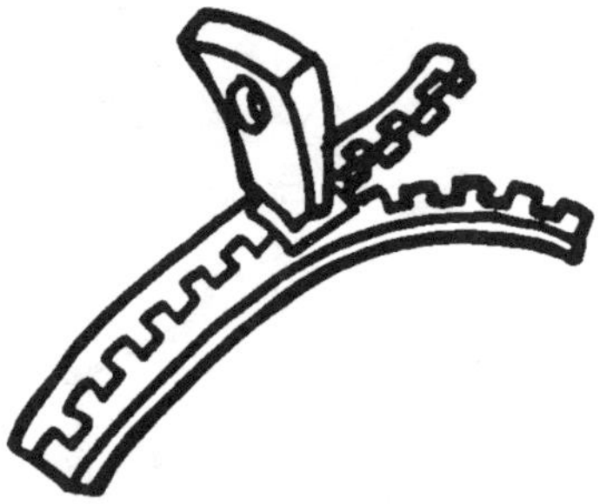

**cremallera**
(zipper)

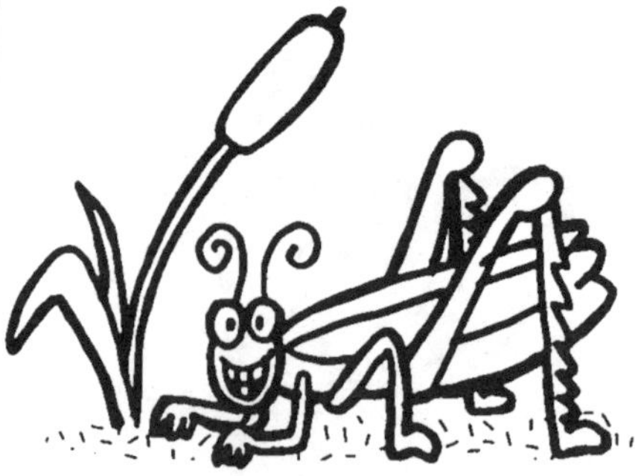

**saltamontes**
(grasshopper)

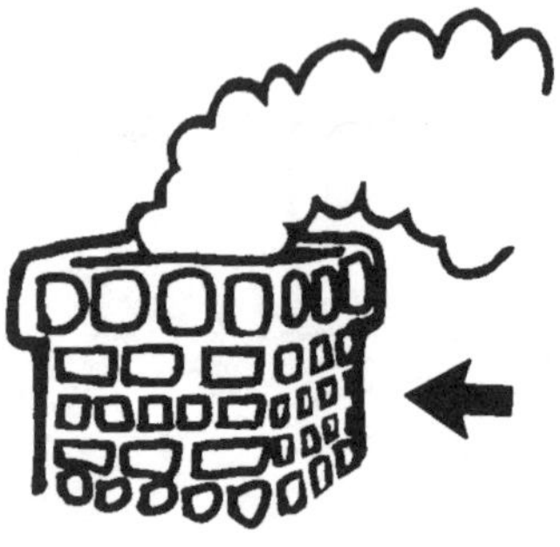

**chimenea**
(chimney)

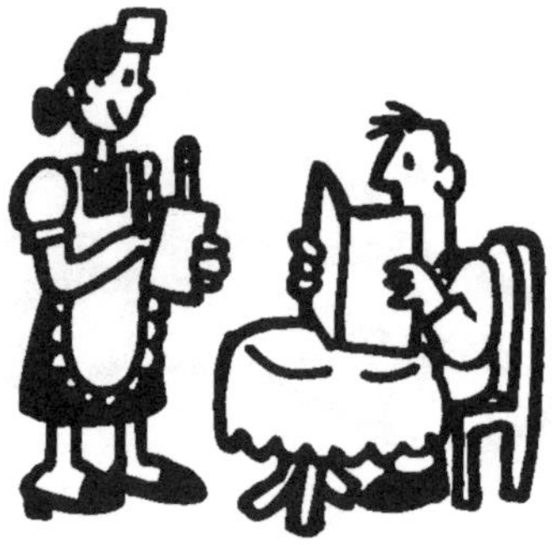

**camarera**
(waitress)

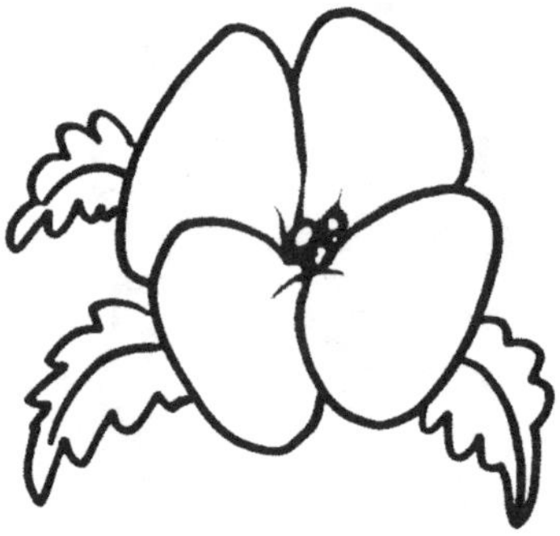

**pensamiento**
(pansy)

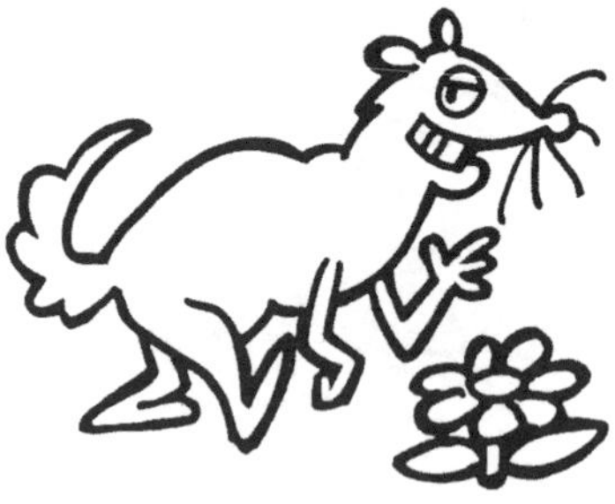

**comadreja**
(weasel)

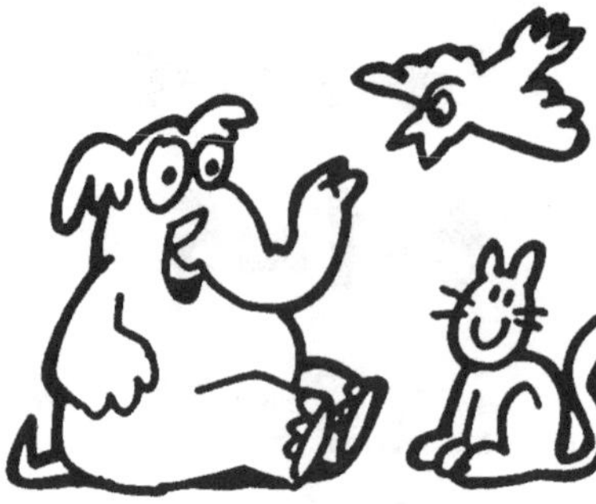

**animales**
(animals)

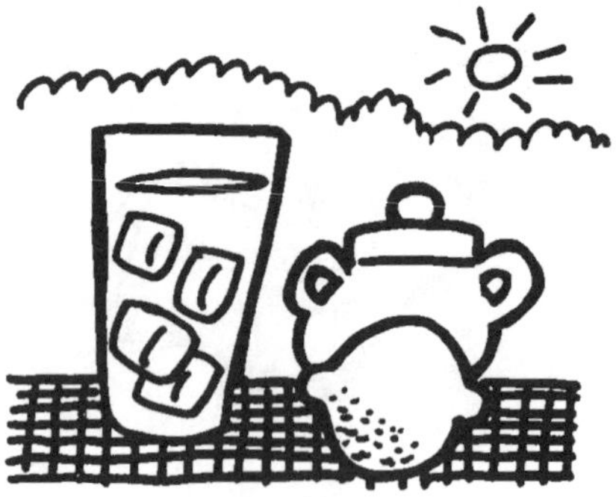

**limonada**
(lemonade)

# M Sound - Prevocalic (Medial)
## 4<sup>+</sup> Syllable Words

**Instrucciones/Instructions:** _____

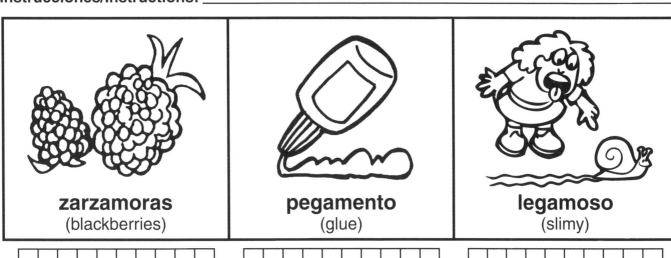

**zarzamoras**
(blackberries)

**pegamento**
(glue)

**legamoso**
(slimy)

**condimento**
(condiment)

**alimentar**
(to feed)

**caminata**
(hike)

**aguamala**
(jellyfish)

**hipopótamo**
(hippopotamus)

**acomodador**
(usher)

Nombre/Name _____     Fecha/Date _____     Firma del Ayudante/Helper's Signature

# Los Mitones
## (The Mittens)

**Instrucciones:** Coloree y corte los mitones. El estudiante necesita decir _____ antes de pegarle los mitones a los estudiantes.

(Instructions: Color and cut out the mittens. Have the child say _____ before gluing the mittens to the students.)

_____       _____
Nombre/Name                          Fecha/Date                 Firma del Ayudante/Helper's Signature

**M Sound**   BK-328 Webber® Spanish Articulation Picture Book • ©2006 Super Duper® Publications • 1-800-277-8737 • www.superduperinc.com

# El Maíz
## (The Corn)

**Instrucciones:** Coloree y corte el maíz.  El estudiante necesita decir _____ antes de pegar el maíz en los platos.

(Instructions: Color and cut out the corn.  Have the child say _____ before gluing the corn on the plates.)

_____     _____
Nombre/Name                    Fecha/Date          Firma del Ayudante/Helper's Signature

# Webber® Spanish Articulation Picture Word Book

## Colección de Datos / Data Collection

_____      _____     _____

Nombre/Name          Terapeuta del Habla y Lenguaje/       Fecha/Date
                               Speech Language Pathologist

### Articulación/Porcentaje Total
### Correct Articulation/Total Percentage

Fecha/Date _____

_____    ☐ ☐ ☐ ☐ ☐ ☐ ☐ ☐ ☐ ☐    _____ %
Sonido/Sound

Fecha/Date _____

_____    ☐ ☐ ☐ ☐ ☐ ☐ ☐ ☐ ☐ ☐    _____ %
Sonido/Sound

Fecha/Date _____

_____    ☐ ☐ ☐ ☐ ☐ ☐ ☐ ☐ ☐ ☐    _____ %
Sonido/Sound

Fecha/Date _____

_____    ☐ ☐ ☐ ☐ ☐ ☐ ☐ ☐ ☐ ☐    _____ %
Sonido/Sound

Fecha/Date _____

_____    ☐ ☐ ☐ ☐ ☐ ☐ ☐ ☐ ☐ ☐    _____ %
Sonido/Sound

**Instrucciones/Instructions:** _____

Nombre/Name         Fecha/Date         Firma del Ayudante/Helper's Signature

**Instrucciones/Instructions:** _____

Nombre/Name          Fecha/Date          Firma del Ayudante/Helper's Signature

# Webber® Photo Cards

All Ages

Created by Sharon G. Webber

These ultra popular *Webber® Photo Cards* are unique because seven decks have CARD PAIRS and one deck (*Everyday Go-Togethers*) has 31 scenes/31 match-up object cards! These decks are ideal for playing memory, match-up, and "*Go Fish*"® games.

- All cards are easy-to-hold 3″ x 4.″
- Every deck has content/idea cards in English, Spanish, French, German, Japanese, and Chinese.

**All Cards 3″ x 4″**

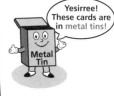

Yesirree! These cards are in metal tins!

Metal Tin

## Occupations
- 31 Pairs • 62 Cards!

#WFC-01

## Verbs Double Set
- 62 Pairs • 124 Cards!

#WFC-02

## Animals
- 31 Pairs • 62 Cards!

#WFC-03

## Food
- 31 Pairs • 62 Cards!

#WFC-04

## Sports Go-Togethers
- 15 Athletes • 15 Sports Objects in Pairs!

#WFC-05

## Around the Home
- 31 Pairs • 62 Cards!

#WFC-06

## Things to Wear
- 31 Pairs • 62 Cards!

#WFC-07

## Everyday Go-Togethers
- 31 Scenes • 31 Match-up Objects!

#WFC-08

## What Doesn't Belong?
- 56 category cards.

#WFC-09

---

# Phonological Awareness Fun Park™

**Electronic Spinner Fun with 1,680 Phonological Activities**

Grades PreK and Up

by Kris Foley Scheller and Michelle Hinkle Ostrow

CD-ROM

**420 Cards! 1,680 Activities!**

*"Come one, come all!"*

*"Step right up and press the magical, mystical Fun Park Spinner...where it lands nobody knows... If you're lucky, you'll collect all your favorite Fun Park goodies!"*

Here's *Super Duper®'s* latest cool creation – *Phonological Awareness Fun Park™.* Increase your students' awareness of phonemes (sounds), syllables, and words as they travel around the *Park*, pressing the electronic spinner to determine the number of spaces to move, and collecting colorful foam prizes at each entertaining booth.

*Fun Park™* targets phoneme *rhyming, identification, discrimination, manipulation, blending, deletion,* and *segmenting.* Each skill has <u>four levels of difficulty</u> to allow for a student's individual differences, and to let the student progress. All the stimulus items are from PreK-2 curriculums. *Fun Park™* reinforces vocabulary that students hear on a daily basis.

The 82-page Activity Book has lots of follow-up activities for additional school or home practice. Parent letter and record sheets too!

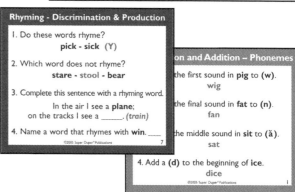

**Rhyming - Discrimination & Production**

1. Do these words rhyme?
   **pick - sick  (Y)**
2. Which word does not rhyme?
   **stare - stool - bear**
3. Complete this sentence with a rhyming word.
   In the air I see a **plane**;
   on the tracks I see a _____. *(train)*
4. Name a word that rhymes with **win**. ___

©2005 Super Duper® Publications   7

...on and Addition – Phonemes

...the first sound in **pig** to (w).
   wig
...the final sound in **fat** to (n).
   fan
...the middle sound in **sit** to (ă).
   sat

4. Add a (d) to the beginning of **ice**.
   dice
©2005 Super Duper® Publications   1

Ask About.............................................#GB-215
*Phonological Awareness Fun Park™*

# HandTalkers™ for Grammar

**Book and CD-ROM**

Grades K-4

by Treva Erck and Edith McCollum

*Talking hands?* Listen closely while your students practice great grammar skills using these 60 zany hand games. Parts of speech include *irregular past tense verbs, is/are, is/are + -ing, was/were, have/has, irregular plurals, I/me, he/she,* and *his/her.* To play, cut and fold *HandTalker*™ according to directions. The student spins the spinner, moves *HandTalker*™ in and out the number of times indicated, reads sentence aloud, chooses correct answer, and opens flap to check answer inside.

Copy black and white pages from the book or print color pages from your printer.

Ask About.....................................#BK-314
*HandTalkers™ for Grammar*

**Start**

**Stimulus**

**Answer**

# Webber® Photo Cards Story Starters

All Ages

Created by Sharon G. Webber

*Webber® Photo Story Starters* has 134 extra large (4″ x 6″) cards that are ideal for prompting students of all ages to tell or write a story. With photo scenes ranging from *A Princess Kissing a Frog* to *Walking Home in the Rain,* everyone will find something to talk or write about.

The 67 vertical and 67 horizontal photos are color-coded for easy sorting. *Story Starters* is perfect for improving writing, story telling, describing, questioning, inferencing, and thinking skills. To play, shuffle the cards, have your students choose, and have them write or tell a story about the card. Also includes a content card in six languages.

Ask About..................................................#WFC-134
*Webber® Photo Cards Story Starters*

# HandTalkers™ for Word Meaning

**Book and CD-ROM**

Grades K-4

by Treva Stevens and Edith McCollum

More talking hands? Create fabulous games to practice different aspects of word meaning with *HandTalkers*™ for *Word Meaning.* The 60 fabulous lessons included in this amazing book contain: *Synonyms, Homonyms, Multiple Meanings, Name the Category, What Doesn't Belong?,* and *What Is This Used for?* To play, cut and fold *HandTalkers*™ according to directions. The student spins the spinner, moves *HandTalkers*™ in and out the number of times indicated, reads stimulus item aloud, chooses correct answer, and opens flap to check answer inside.

Copy black and white pages from the book or print color pages from your printer with the CD-ROM.

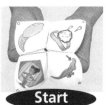

**Start**

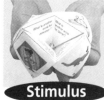

**Stimulus**

**Answer**

Ask About.................................................#BK-325
*HandTalkers™ for Word Meaning*

---